Der Testknacker

Esther Jimenez

Hesse/Schrader

Der Testknacker

Lösungswege und -strategien für Eignungs- und Einstellungstests

Unter besonderer Mitarbeit von Ralf Carstens

berufsstrategie

Eichborn

Die Autoren
Jürgen Hesse, Jahrgang 1951, geschäftsführender Diplompsychologe im *Büro für Berufsstrategie*, Berlin.
Hans Christian Schrader, Jahrgang 1952, ist Diplompsychologe in Berlin.
Ralf Carstens, Jahrgang 1974, ist Referent für neue Medien und Mitarbeiter im Büro für Berufsstrategie in Berlin.

Anschrift der Autoren
Büro für Berufsstrategie
Hesse/Schrader
Oranienburger Straße 4-5
10178 Berlin
Tel. 030/28 88 57 - 0
Fax 030/28 88 57 - 36
www.berufsstrategie.de

2 3 4 07 06 05

Umschlaggestaltung: Christina Hucke
Satz und Layout: Greiner & Reichel, Köln
Druck und Bindung: Fuldaer Verlagsagentur, Fulda
ISBN 3-8218-3881-7

Verlagsverzeichnis schickt gern:
Eichborn Verlag, Kaiserstraße 66, D-60329 Frankfurt/Main
www.eichborn.de

Inhalt

Vorwort

Liebe Leserin, lieber Leser,

herzlich willkommen zum »Testknacker«. Wer kennt nicht die folgende Situation: Bei der Vorbereitung auf ein Assessment Center, einen Eignungs- oder Einstellungstest sitzt man vor einer Aufgabe in einem Testtrainingsbuch – und kommt einfach nicht auf die im Lösungsteil angegebene Lösung. Dieses Buch soll Abhilfe schaffen: Es soll Ihnen nicht nur die übliche Testvorbereitung bieten, sondern wird Ihnen auch den Weg zur richtigen Lösung genau erklären. Zusätzlich geben wir Ihnen bei allen Testarten allgemeine Bearbeitungstipps für den jeweiligen Aufgabentyp. Zu einzelnen, besonders komplizierten Aufgaben haben wir im Anhang zusätzliche Informationen für Sie bereitgestellt. Wir hoffen, dass Sie so das den verschiedenen Aufgabentypen jeweils zugrunde liegende Prinzip erkennen und auf die konkrete Fragestellung in der Testsituation anwenden können.
Völlig neuartig in diesem Buch ist die Seitenaufteilung: Während Sie auf der linken Seite die zu bearbeitenden Aufgaben finden, haben wir Ihnen die rechte Seite für die Lösungen reserviert. Während der Testbearbeitung können Sie die rechte Seite abdecken und auf einem neutralen Blatt Ihre Lösung notieren. Danach ist ein Vergleichen von Aufgaben und Lösungen sofort ohne langwieriges Blättern und erneutes Aufsuchen der Aufgabenstellung möglich.
Bitte beachten Sie auch unsere Hinweise und Tipps im Internet unter *www.testtraining-spezial.de*, wo Sie aktuelle Erfahrungsberichte und neue Testbeispiele finden. Gerne können auch Sie uns Ihre Testerlebnisse mitteilen – wir würden uns freuen, diese anonym auch anderen Bewerbern zugänglich zu machen.

Wir wünschen Ihnen für die Testbearbeitung viel Erfolg!

Hesse/Schrader

Tipps für den Test – worauf es ankommt

Worauf kommt es wirklich an, wenn Sie sich in einem Eignungs- und Einstellungstest mit Aufgaben, wie sie in unserem Buch präsentiert werden, auseinander setzen müssen? Zunächst einmal auf die richtige Vorbereitung, bei der drei Aspekte zu berücksichtigen sind:

1. die emotionale,
2. die intellektuelle und
3. die organisatorische Vorbereitung.

Was bedeutet das nun genau für Sie? Machen Sie sich mit der Prüfungssituation »Test« bereits im Vorfeld vertraut, um größtmögliche Gelassenheit zu erreichen. Dafür müssen Sie einerseits die Bereitschaft besitzen, alles dafür tun zu wollen, um den Test erfolgreich zu absolvieren. Andererseits dürfen Sie Ihre Enttäuschung nicht zu groß werden lassen, wenn es Ihnen nicht auf Anhieb gelingt, den angestrebten Arbeits- oder Ausbildungsplatz zu bekommen.
Wichtig ist vor allem, dass Sie Ihr Selbstwertgefühl nicht vom Testergebnis abhängig machen. Das Testresultat ist kein »Gottesurteil« und sagt absolut nichts über Ihren Wert als Mensch und über Ihre angebliche (Nicht-)Eignung für einen Beruf bzw. für eine bestimmte Hierarchieebene aus. Es ist völlig unangebracht, test- und autoritätsgläubig zu sein. Versichern Sie sich lieber der unterstützenden Solidarität wichtiger Personen in Ihrer Umgebung. Zeigen Sie einfach mal Besserwissern und Meckerern ein paar Testaufgaben mit der Aufforderung, diese doch selbst zu lösen …

Ganz wichtig ist das Sammeln von Informationen über Tests und Bewerbungsverfahren bei den für Sie interessanten Arbeitgebern. Tests kann man – wie vieles im Leben – sehr gut üben (auch wenn man aus verständlichen Gründen von Testanwenderseite versucht, Ihnen gerade das auszureden). Falls es bei Ihnen um einen beruflichen Einstieg geht: Bewer-

ben Sie sich doch einfach auch mal nur unter dem Aspekt, erste Erfahrung sammeln zu wollen, um für den Test bei Ihrem Traum-Arbeitsplatzanbieter gerüstet zu sein!
Bevor wir auf die wichtigsten Bearbeitungsregeln für Testaufgaben zu sprechen kommen, erscheint es uns unbedingt notwendig, noch einmal auf Folgendes hinzuweisen: Von wissenschaftlicher Seite wird der These entschieden widersprochen, man könne vom Test- auf den Berufserfolg schließen. Es ist also, wie bereits gesagt, enorm wichtig, sein Selbstwertgefühl nicht vom Testergebnis abhängig zu machen, sondern den daraus abgeleiteten Vorhersagen kräftigst zu misstrauen. Einmal mehr muss darauf hingewiesen werden: Nicht der Hauptteil der Bewerber und der Getesteten »fällt durch«, sondern Tests und Testentwickler sind die eigentlichen Versager.
Nun zu den wichtigsten Bearbeitungsregeln für Testaufgaben:

- ◇ Nutzen Sie die Zeit der Aufgabenerklärung zu Beginn der Tests: Verdeutlichen Sie sich das Aufgaben- und Lösungsschema, versuchen Sie, sich an ähnliche, bereits gelöste Aufgaben aus Testtrainingsbüchern zu erinnern. Fragen Sie den Testleiter bei Unklarheiten, solange dazu Gelegenheit besteht.
- ◇ Arbeiten Sie so schnell wie möglich, mit einem sinnvollen Maß an Sorgfalt.
- ◇ Beißen Sie sich nicht an schwierigen Stellen fest, Sie verlieren sonst wertvolle Bearbeitungszeit für andere, vielleicht viel leichtere Aufgaben. In der Regel sind Testaufgaben nach steigendem Schwierigkeitsgrad angeordnet.
- ◇ Sind verschiedene Antwortmöglichkeiten vorgegeben, wenden Sie bei Zweifeln bezüglich der richtigen Lösung die folgenden Strategien an:
- ◇ Versuchen Sie, falsche Lösungen zu eliminieren, um so die richtige »einzukreisen« (Ausschlussstrategie). Es ist leichter, zum Beispiel unter zwei verbleibenden Möglichkeiten auszuwählen als unter mehreren. (Sie kennen das Prinzip aus Quiz-Sendungen.)
- ◇ Raten Sie notfalls lieber eine Lösung, anstatt gar nichts anzukreuzen. Aber Achtung: Bei einigen Tests – wir haben in diesem Buch an entsprechender Stelle darauf hingewiesen – können falsche Antworten mit Punktabzug bedacht werden.

Sollte es bei Ihrem nächsten Test nicht klappen, können Sie trotzdem zu den Gewinnern zählen, wenn Sie aus den Erfahrungen lernen und nicht aufgeben. Das mag zynisch klingen, ist aber Realität. Denken Sie an Lottospieler, die auch nicht gleich aufgeben, wenn sie am Wochenende keine sechs Richtige haben. Bei allem Verständnis für Mühe und Enttäuschungen, das oberste Bewerbungsgebot heißt heutzutage nun einmal: durchhalten, nicht aufgeben und weiter bewerben, bis es endlich klappt!

Noch ein genereller Tipp: Nehmen Sie nur dann an Tests teil, wenn Sie sich absolut gesund fühlen und gut ausgeschlafen haben. Zusätzliche Belastungen neben dem Teststress sollten Sie möglichst vermeiden. Es ist immer besser, einen neuen Termin zu vereinbaren, als mit schlechten Vorbedingungen an den Start zu gehen.
Pünktliches Erscheinen versteht sich von selbst. Wer abgehetzt zum Termin kommt, verschlechtert seine Chancen. Wichtig ist die Information über die Dauer des Tests, denn manche können bis zu acht Stunden dauern. Deshalb ist es ratsam, neben Schreibzeug auch etwas Ess- bzw. Trinkbares mitzubringen (Traubenzucker, Schokolade etc.).
In den Pausen, die es hoffentlich gibt, kann ein Gespräch mit dem sicherlich auch aufgeregten Nachbarn durchaus entspannend wirken. Nach dem Test- und Bewerbungsstress sollten Sie nicht vergessen, sich zu belohnen. (Was das sein könnte, wissen Sie sicherlich am besten.)

Logik

Figurenreihen fortsetzen

Mit welcher Auswahlfigur unten (a, b, c, d oder e) kann man die Figurenreihe oben richtig fortsetzen?

1. Aufgabe

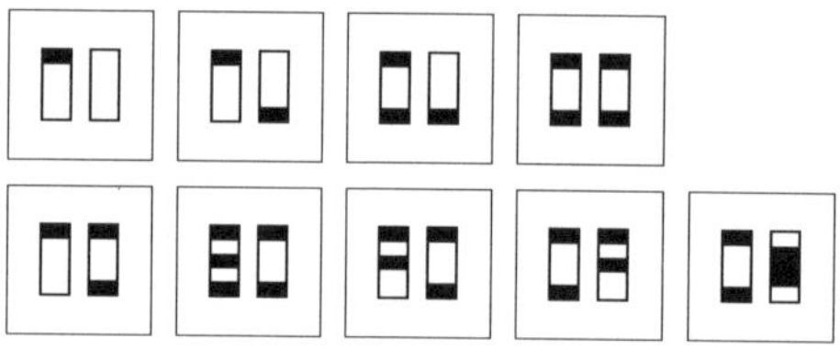

a b c d e

2. Aufgabe

a b c d e

3. Aufgabe

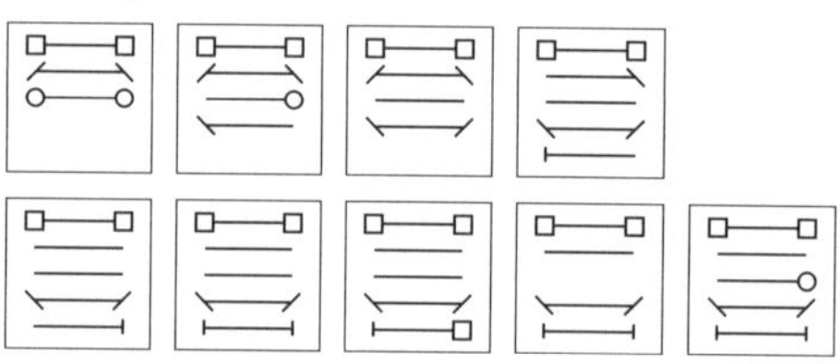

a b c d e

Lösungen

1. Aufgabe

LÖSUNG: b

ERKLÄRUNG: Hier werden in die Rechtecke schwarze Balken eingefügt: Erst in das linke oben, dann in das rechte unten, dann in das linke unten und im vierten Bild rechts oben. Die Fortsetzung kann nur wie bei Lösungsvorschlag b erfolgen.

2. Aufgabe

LÖSUNG: e

ERKLÄRUNG: Alle geometrischen Figuren kommen nur einmal vor. Kreise kommen nicht vor. Mehrecke und Dreiecke wechseln sich ab.

3. Aufgabe

LÖSUNG: b

ERKLÄRUNG: Der Strich mit den beiden Quadraten bleibt konstant. In der zweiten und dritten Reihe von oben wird etwas entfernt. In der 4. und 5. Reihe von oben kommt etwas hinzu. Nachdem in der zweiten Zeile *eine* Seitenbegrenzung entfernt wurde, wird im Folgebild (Lösungsbild) die gegenüberliegende Seitenbegrenzung entfernt. Nachdem in der dritten Zeile begonnen wurde, eine Seitenbegrenzung zu entfernen, wird die gegenüberliegende Seitenbegrenzung im Folgebild entfernt. Nachdem in der 4. Zeile mit einer Seitenbegrenzung begonnen wurde, wird im Folgebild die gegenüberliegende Seite begrenzt. Nachdem in der 5. Zeile mit einer Seitenbegrenzung begonnen wurde, wird im Folgebild die gegenüberliegende Seitenbegrenzung hinzugefügt (Lösungsbild).

Bearbeitungstipps

Siehe Seite 16.

Sinnvoll ergänzen

Sie sehen ein Rechteck mit 8 Figuren. Welcher der vorgegebenen 9 Lösungsvorschläge (rechts, a–i) passt als Einziger in das freie 9. Feld?

1. Aufgabe

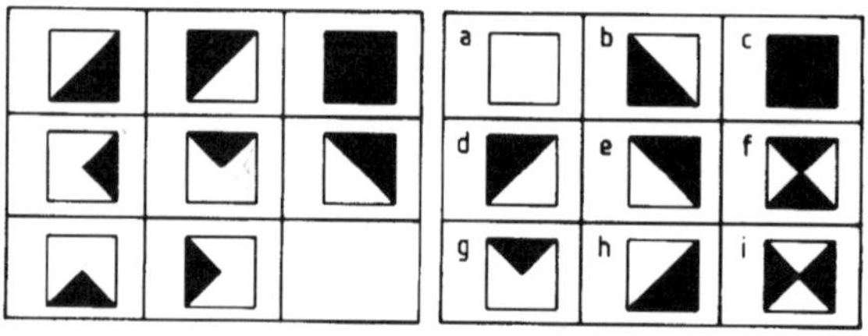

2. Aufgabe

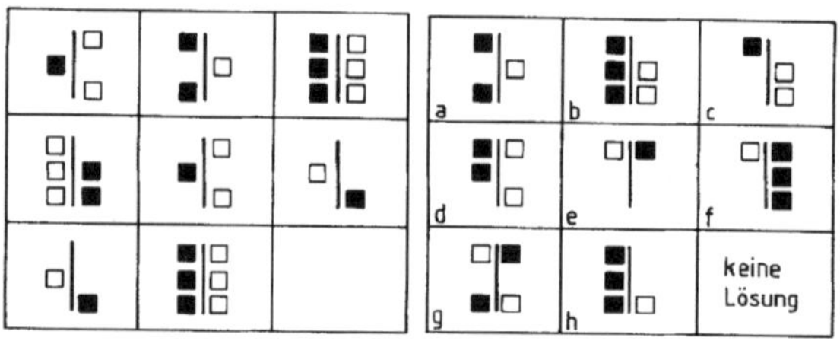

3. Aufgabe

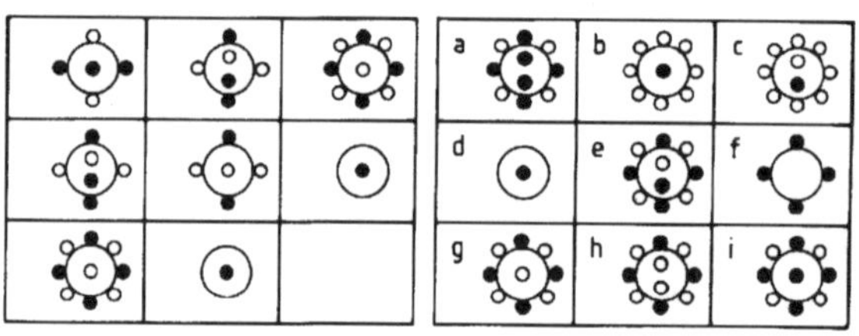

Lösungen

1. Aufgabe

LÖSUNG: b

ERKLÄRUNG: Die schwarze Fläche der ersten Figur, addiert mit der schwarzen Fläche der zweiten Figur, ergibt – sozusagen als Summe – die dritte Figur. Dieses Prinzip gilt sowohl in vertikaler wie in horizontaler Richtung – ein wichtiger Hinweis für die generelle Bearbeitung dieses Aufgabentyps.

2. Aufgabe

LÖSUNG: d

ERKLÄRUNG: Grundsätzlich werden die Kästchen neben dem Trennstrich nicht farbig vermischt. Damit scheidet Lösung g bereits aus. In allen Bilderreihen, sowohl waagrecht als auch senkrecht gelesen, kommen immer ein, zwei und drei Kästchen vor. Dies gilt sowohl für schwarze, als auch für weiße Kästchen. Daraus folgt, dass es im Lösungsbild je zwei weiße und je zwei schwarze Kästchen geben muss. Diese Bedingung wird nur noch von Lösung d erfüllt.

3. Aufgabe

LÖSUNG: e

ERKLÄRUNG: Im großen Kreis kommen pro Spalte und Reihe jeweils ein schwarzer, ein schwarzer und ein weißer, und ein weißer Kreis alleine vor. Da dies in der letzten Reihe noch nicht der Fall war, bleiben nur die Lösungen c und e übrig. Außerhalb des Kreises gilt folgende Regel:
Sind die kleinen Kreise zwar an der gleichen Stelle des großen Kreises, jedoch farblich unterschiedlich, so werden sie im letzten Bild »zusammenaddiert« und tauchen alle gemeinsam am großen Kreis auf.
Sind die kleinen Kreise farblich gleich und an den ersten zwei Bildern an den gleichen Stellen, so werden sie subtrahiert und tauchen im letzten Bild gar nicht mehr auf.
Für die dritte Spalte bedeutet dies, dass die Kreise, da im zweiten Kasten der dritten Spalte keine kleinen Kreise vorhanden sind, auch im Lösungsbild auftauchen müssen. Daher ergibt sich Lösung e.

Bearbeitungstipps zu »Figurenreihen fortsetzen« und »Sinnvoll ergänzen«

Bei diesem in so genannten Intelligenztests immer wieder auftauchendem Aufgabentyp haben sich die folgenden systematischen Bearbeitungsschritte als hilfreich herausgestellt:
Welcher Unterschied ergibt sich vom ersten zum zweiten Bild, vom zweiten zum dritten usw. – ebenso umgekehrt (vom zweiten zum ersten, vom dritten zum zweiten etc.)? Aber auch umfassende Blickwinkel vom ersten zum letzten Bild bzw. umgekehrt können zur Lösungsfindung beitragen. Unter sechs Aspekten kann man sowohl die Veränderungen als auch die Konstanz der grafischen Elemente überprüfen:

1. Veränderung in Lage und Anordnung einzelner oder mehrerer Elemente
2. Veränderung bei der Anzahl von Elementen
3. Veränderung bezüglich Lage und Anzahl
4. Veränderung in Größe und (Farb-)Gestaltung/Darstellung (zum Beispiel Muster)
5. Veränderung durch Wechsel in der Gestaltung/Darstellung
6. Berücksichtigung der Konstanz der Gestaltung/Darstellung

Ein Beispiel

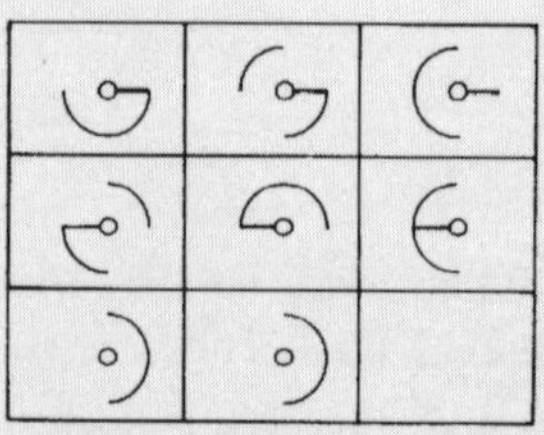

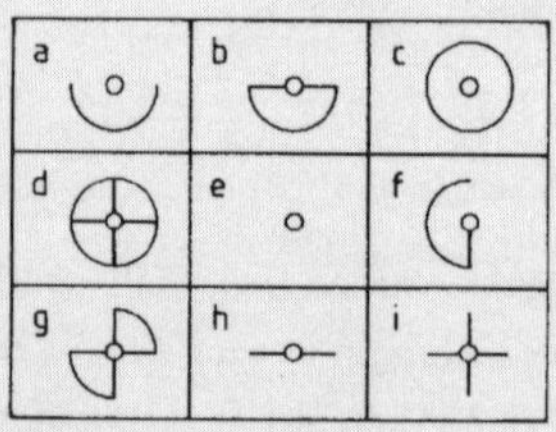

LÖSUNG: e

ERKLÄRUNG: Hier beherrschen drei Elemente die Szene: Der Mittelpunkt, der daran befestigte »Zeiger« und die Kreisteile (am besten in Vierteln eines Zifferblatts vorstellbar, nach dem System 1. Viertel = 12–3, 2. Viertel 3–6, 3. Viertel 6–9, 4. Viertel 9–12).
Der Mittelpunkt bleibt in allen Figuren erhalten. Leider enthalten auch alle Lösungsvorschläge a–i den Mittelpunkt, sodass die sinnvolle Testbearbeitungsstrategie, nicht in Frage kommende Lösungsvorschläge zu eliminieren (= Ausschlussstrategie), hier (noch) nicht weiterhilft.

Betrachten wir jetzt als zweites Element den »Zeiger«: Dieser bleibt in der ersten und in der zweiten Zeile jeweils in gleicher, unveränderter Position. In der dritten Zeile gibt es ihn nicht mehr. Wir schließen daraus, dass die Lösungsfigur entsprechend der dritten Zeile keinen Zeiger haben darf. Insofern hilft die Ausschlussstrategie jetzt weiter: Die Lösungsvorschläge b, d, f, g, h und i fallen weg. Als Lösungen bleiben nur noch a, c und e übrig.
Nun kommen wir – horizontal gesehen – zur Betrachtung des dritten Elements, der Kreisteile (Viertelkreise). Doppelt, d. h. sowohl in der ersten wie in der zweiten Figur (= Zeichnung, Kästchen) enthaltene Kreisteile fallen in der dritten Figur weg, einmal vorhandene bleiben.
Am Beispiel der ersten Zeile: Der Viertelkreis 3–6 ist in der zweiten Figur ebenfalls enthalten und in der dritten nicht mehr. Der Viertelkreis 6–9 in der ersten Figur ist in der zweiten nicht vorhanden, aber in der dritten. Der Viertelkreis 9–12 wird in der ersten Figur nicht verwendet, aber in der zweiten und bleibt deshalb auch in der dritten.
Nach dem gleichen Prinzip ist auch die zweite Zeile aufgebaut. In der dritten Zeile herrscht als das »Gesetz«, dass der Kreis 12–6 (zwei zusammengesetzte Kreisviertel) in den ersten beiden Figuren (= Zeichnung, Kästchen) vorhanden ist und deshalb im dritten wegfallen muss. Also bleibt als Lösung unter Berücksichtigung der Elemente Mittelpunkt und Zeiger nur die Lösung e übrig.
Die aufgeführten »Gesetzmäßigkeiten« gelten auch für die Aufgabenbearbeitung in vertikaler Richtung.

Zugehörigkeiten identifizieren

Bei diesem Test bekommen Sie zwei Gruppen A und B sowie vier Auswahlbilder vorgestellt. Sie sollen nun die jeweilige Gemeinsamkeit der Gruppe A und der Gruppe B herausfinden und dann die Auswahlbilder den jeweiligen Gruppen zuordnen.

1. Aufgabe

Gruppe A

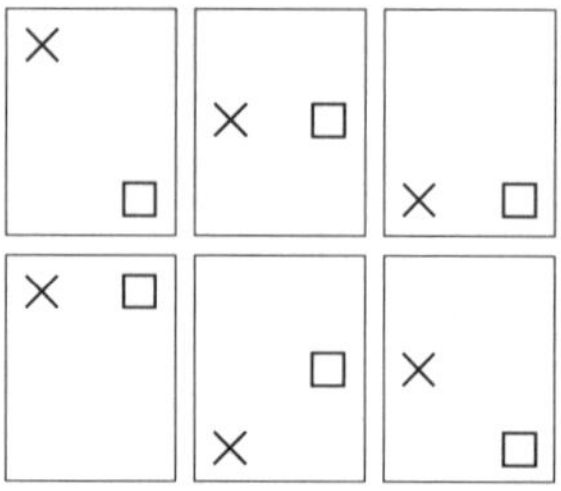

Gruppe B

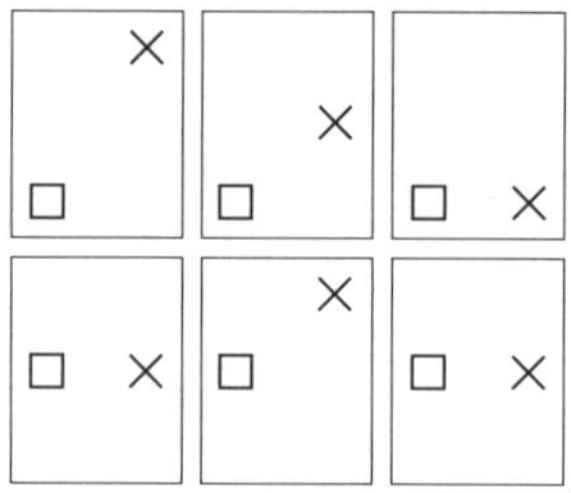

AUSWAHLBILDER:

Welches der Auswahlbilder gehört nun zu welcher Gruppe?

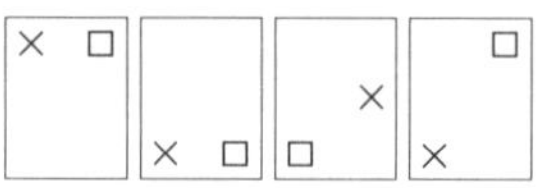

1 2 3 4

2. Aufgabe

Gruppe A

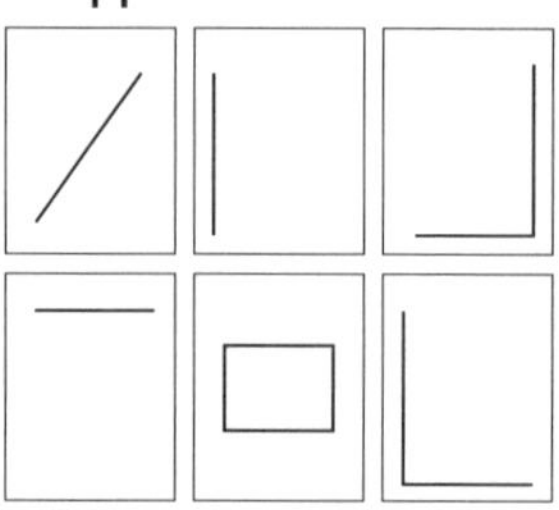

Gruppe B

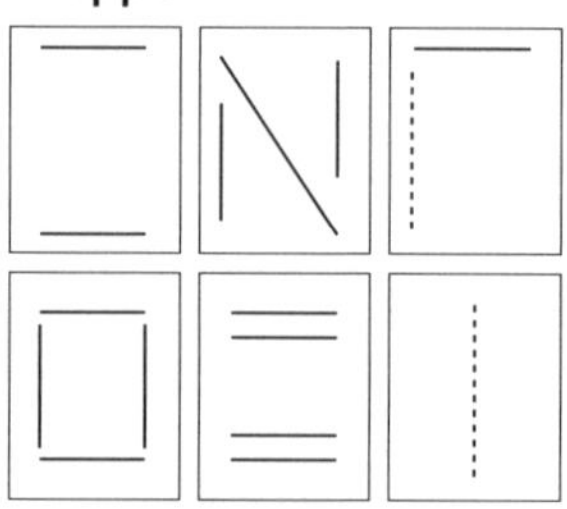

AUSWAHLBILDER:

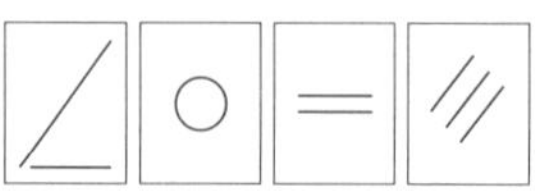

1 2 3 4

Lösungen

1. Aufgabe

LÖSUNG: 1 A, 2 A, 3 B, 4 A

ERKLÄRUNG: In Gruppe A steht das X immer links vom Quadrat, in Gruppe B immer rechts.

2. Aufgabe

LÖSUNG: 1 B, 2 A, 3 B, 4 B

ERKLÄRUNG: In Gruppe A gibt es immer nur eine durchgezogene Linie, in Gruppe B zwei oder mehr.

3. Aufgabe

Gruppe A

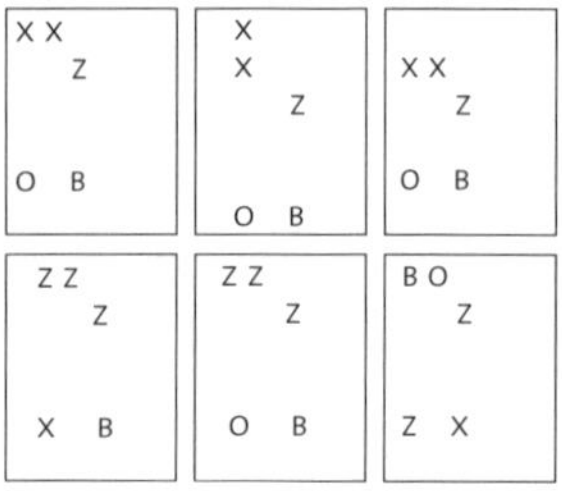

Gruppe B

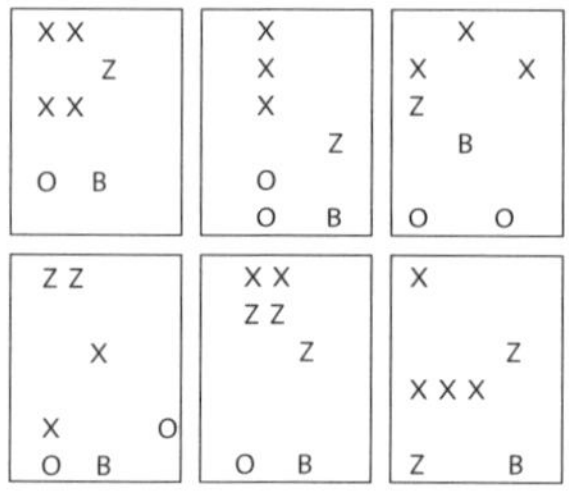

AUSWAHLBILDER:

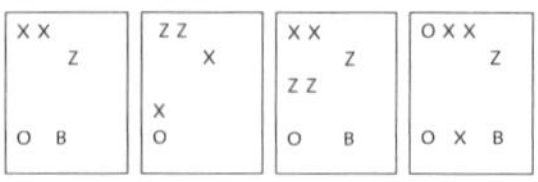

1 2 3 4

4. Aufgabe

Gruppe A

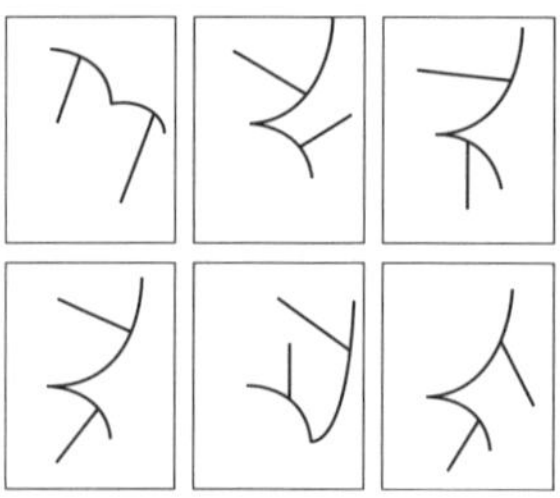

Gruppe B

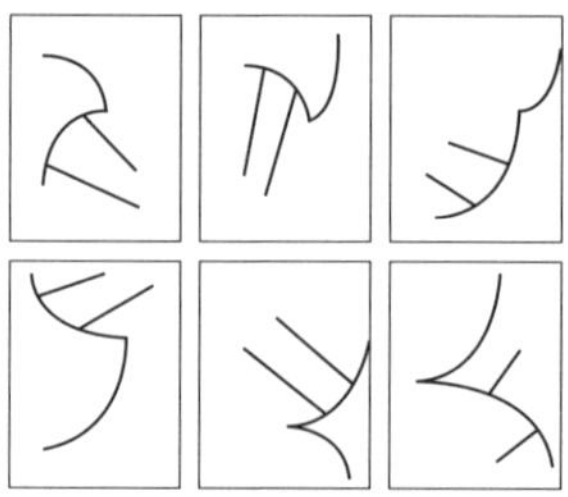

AUSWAHLBILDER:

1 2 3 4

3. Aufgabe

LÖSUNG: 1 A, 2 A, 3 B, 4 B

ERKLÄRUNG: In Gruppe A kommen immer fünf Buchstaben vor, während es in Gruppe B immer sieben sind.

4. Aufgabe

LÖSUNG: 1 A, 2 B, 3 B, 4 A

ERKLÄRUNG: Beide geraden Striche sind in Gruppe B immer gemeinsam an einem Bogen platziert, während bei Gruppe A jeweils nur ein Strich an einem Bogen ist.

Bearbeitungstipps

Diese Aufgaben sehen deutlich komplizierter aus, als sie sind. Beginnen Sie immer mit einfachen Gemeinsamkeiten:

- Wie viele Buchstaben sind insgesamt im Aufgabenfeld? Wie viele sind immer gleich? Ist die Raumaufteilung immer identisch? Gibt es Buchstabengruppen?
- Wie viele Striche sind enthalten? Sind diese immer speziell angeordnet? Wie ist die Raumaufteilung?
- Gibt es andere Informationen wie Kästchen o. Ä., die es zu beachten gilt? Wie sieht es dort mit den Gemeinsamkeiten aus?
- Fügen Sie nun alle vorhandenen Informationen zusammen und ziehen Sie dann den Rückschluss, welches Bild zu welcher Gruppe gehört.

Sie werden sehen, die Schwierigkeit dieser Aufgaben liegt darin, dass man auch bei anscheinend komplizierten Aufgaben lernen muss, »einfach zu denken« – denn oft sieht man den Wald vor lauter Bäumen nicht …

Buchstabengruppen fortsetzen

Bei diesem Aufgabentyp müssen Sie herausfinden, welche Buchstabengruppe (a, b, c, d oder e) nicht nach einer bestimmten Regel wie die vier anderen Gruppen zusammengesetzt ist.

1. Aufgabe

a	b	c	d	e
CBAZ	PONM	UTSR	IHGF	ECBA

2. Aufgabe

a	b	c	d	e
YXVW	TSQR	NOLM	HGEF	EDBC

3. Aufgabe

a	b	c	d	e
MPSV	ADGJ	ORUX	ADGJ	NQTV

4. Aufgabe

a	b	c	d	e
ORUX	ADGJ	MPSV	ILOR	LORT

Bearbeitungstipps

Bei vielen solcher Tests bekommen Sie schon ein Alphabet zur Verfügung gestellt, anhand dessen Sie die Abstände der einzelnen Buchstaben abzählen können. Nutzen Sie diese Übungsmöglichkeit! Bekommen Sie keines, fragen Sie besser nicht nach, sondern schreiben Sie sich ein Alphabet auf. Das bisschen Zeit, das Sie dafür

Lösungen

1. Aufgabe

LÖSUNG: Gruppe e

ERKLÄRUNG: Das Alphabet wird hier rückwärts präsentiert. In der Gruppe e ist daher der Anfangsbuchstabe E falsch, denn es müsste eigentlich D sein.

2. Aufgabe

LÖSUNG: Gruppe c

ERKLÄRUNG: Alle vier Buchstaben stehen im Alphabet unmittelbar zusammen. Die Reihe wird jeweils begonnen, indem vom letzten Buchstaben im Alphabet – bei Lösung a ist das das Y – ein Buchstabe nach vorne – hier also zum X – gegangen wird. Danach wird der übernächste Buchstabe genommen – hier das V – und wieder ein Schritt im Alphabet Richtung Z gegangen. Die Reihenfolge ist also: –1, –2, +1. Bei Lösungsvorschlag c trifft diese Regel nicht zu.

3. Aufgabe

LÖSUNG: Gruppe e

ERKLÄRUNG: Der Aufbau der Buchstabengruppen folgt immer dem Muster »+3+3+3«. Gruppe e tut dies nicht und fällt damit aus der Regelmäßigkeit heraus.

4. Aufgabe

LÖSUNG: Gruppe e

ERKLÄRUNG: Der Aufbau der Buchstabengruppe folgt immer dem Muster »+3+3+3«. Gruppe e tut dies nicht und fällt damit aus dem Rahmen.

benötigen, holen Sie später durch eine schnellere Bearbeitung der Aufgaben locker wieder rein.
Schreiben Sie sich die Stelle, an der die Buchstaben im Alphabet stehen, über die Buchstaben. Sie können so, wie in unseren Lösungen betrachtet, die Aufgaben »mathematisch« lösen, also mit »+4–3+2« usw.

Buchstabenreihen fortsetzen

Sicherlich haben Sie schon von dem Test gehört, bei dem Sie Zahlenreihen fortsetzen sollen. Dieser Test ist ähnlich aufgebaut, hier sollen Sie jedoch Buchstabenreihen fortsetzen. Die Schwierigkeit liegt darin, dass sich bei Zahlenreihen schneller Regelmäßigkeiten erkennen lassen als bei Buchstabenreihen. Um sich die Lösung zu vereinfachen, sollten Sie sich in Ihrem Einstellungstest als Erstes das gesamte Alphabet aufschreiben und darunter die jeweils zugehörige Position im Alphabet. In diesem Fall haben wir Ihnen dies abgenommen:

A	B	C	D	E	F	G	H	I	J	K	L	M	N	O	P	Q	R	S	T	U	V	W	X	Y	Z
1	2	3	4	5	6	7	8	9	10	11	12	13	14	15	16	17	18	19	20	21	22	23	24	25	26

Nachfolgend finden Sie drei Beispiele für den typischen Aufbau eines solchen Tests. Rechnen Sie hier wieder mit Abwandlungen. So kann es durchaus sein, dass Sie die Buchstabenreihe nicht nur um einen, sondern um zwei, drei oder sogar mehr Buchstaben ergänzen sollen. Auch dass Sie *innerhalb* einer Buchstabenreihe Buchstaben ergänzen sollen ist denkbar. Bitte ergänzen Sie die Buchstabenreihen jeweils um einen bzw. zwei Buchstaben:

1. Aufgabe
B D F H J L _

2. Aufgabe
O P R U Y D _

3. Aufgabe
T P S _ Q T V

4. Aufgabe
X _ U S U P N P K

Lösungen

Bearbeitungstipps
Es gelten die gleichen Bearbeitungstipps wie beim Test »Buchstabengruppen fortsetzen« in diesem Buch auf Seite 22 f..

1. Aufgabe

LÖSUNG: N

ERKLÄRUNG: (+2)

2. Aufgabe

LÖSUNG: J

ERKLÄRUNG: (+ 1 + 2 + 3 + 4 + 5 + 6)

3. Aufgabe

LÖSUNG: U

ERKLÄRUNG: (– 4 + 3 + 2)

4. Auflage

LÖSUNG: Z

ERKLÄRUNG: (+ 2 – 5 – 2)

Zahlenreihen fortsetzen

Ein Klassiker unter den Einstellungstests sind Zahlenreihen, die nach einer bestimmten Regel aufgebaut sind und die Sie ergänzen sollen. Gegen Ende des Tests werden hier die Reihen deutlich schwieriger und es sind auch andere (mathematische) Regeln außer der Addition, Subtraktion, Division und Multiplikation erlaubt (zum Beispiel Quersummen etc.).

1. Aufgabe

2 4 8 16 32 _

2. Aufgabe

22 22 8 33 6 12 12 3 _

3. Aufgabe

2 4 60 4 9 130 8 4 _

Bearbeitungstipps

Mit diesem Aufgabentyp werden sowohl Ihr logisches Denken als auch gewisse Rechenfertigkeiten überprüft. Er kommt häufig in Tests vor. Mit folgenden Regeln wird es Ihnen in Zukunft leichter fallen, Zahlenreihen zu lösen:

1. Lässt sich das Aufbauprinzip/-system der Zahlenreihe »auf einen Blick« erkennen?
2. Werden die Zahlen größer oder kleiner, abwechselnd größer und kleiner oder kleiner und größer?
3. Bei einer Zahlenreihe, die nach einem kontinuierlich anwachsenden oder abnehmenden Prinzip aufgebaut ist, berechnet man die Differenzen zwischen den benachbarten Zahlen und versucht dadurch, eine Regelmäßigkeit dieser Differenzen herauszufinden.

Lösungen

1. Aufgabe

Lösung: 64

Erklärung: Die Vorzahl wird immer mal 2 genommen.

2. Aufgabe

Lösung: 6

Erklärung: Die Regel gilt jeweils für einen Dreierblock. Die Quersumme der ersten und zweiten Zahl addiert ergeben die dritte Zahl.

3. Aufgabe

Lösung: 120

Erklärung: Das Zehnfache der ersten und der zweiten Zahl addiert ergibt die dritte Zahl. Die Regel gilt jeweils für einen Dreierblock, also hier 20 + 40 = 60 und 40 + 90 = 130, nicht aber für Zweierblöcke wie 40 + 600 = 640.

1. Beispiel: 50 46 42 38 34 30 ?
Die Differenz beträgt regelmäßig –4; Lösung: 26
2. Beispiel: 10 11 13 16 20 25 ?
Die Zahlenreihe steigt unregelmäßig an, aus den Differenzen erkennen wir das System + 1 + 2 + 3 + 4 + 5 usw. ; Lösung: 31 (+ 6)
Sind die Differenzen zwischen den einzelnen Zahlen unregelmäßig und durch Addition oder Subtraktion nicht zu erklären, wachsen oder mindern sie sich sehr schnell, hat man es mit einer Multiplikation bzw. Division zu tun.
1. Beispiel: 100 50 25 12,5 6,25 ?
(System: dividiere die vorangegangene Zahl durch 2; Lösung: 3,125)
2. Beispiel: 1 4 16 64 ?
Die Differenzen (3, 12, 48) ermöglichen kein klares Bild über das System der Zahlenreihe. Der Aufbau ist komplizierter und hierfür gilt 4.:

4. Wenn bei Anwendung der dritten Regel keine Lösung gefunden werden kann, dividieren Sie drei aufeinander folgende Differenzen und überprüfen Sie, ob die Ergebnisse (Quotienten) gleich sind.
   Beispiel: 1 4 16 64 ?
   Um den Unterschied zwischen 64 und ? zu finden, muss der Rechenweg lauten: ? dividiert durch 48 ist gleich 4.
   Hierbei kann es sich nur um 192 handeln (4 · 48 = 192). 192 wird zu der letzten vorgegeben Zahl addiert (192 + 64 = 256) und erzielt damit das Ergebnis, das gesuchte letzte Glied dieser Zahlenreihe. System: Jede vorangegangene Zahl wird mit 4 multipliziert (der Quotient der zweiten Zeile, 4, ist der Multiplikator der ersten).
   Diese Lösungsstrategie greift nur, wenn eine konstante Beziehung zwischen benachbarten Zahlen vorliegt und lediglich Addition, Subtraktion, Multiplikation, Division oder eine Kombination dieser Rechenoperationen verwendet wird.
5. Folgen die Zahlenwerte einer Reihe keinem konstant zunehmenden oder abnehmenden Prinzip, sollte man versuchen, erstens die Zahlenreihe in zwei oder mehr getrennte Reihen zu teilen, die einem konstanten Aufbauprinzip folgen, und dann zweitens die Regeln 1 bis 4 bei jeder dieser Reihen extra anwenden.

Die am häufigsten eingesetzten Systeme für Zahlenreihen in den gängigen Testverfahren sind:

1. Einfache Systeme:
+ 1 + 2 / + 1 + 2 / ...
+ 1 + 1 / + 2 + 2 / + 3 + 3 / ...
+ 5 + 5 / + 6 + 6 / + 7 + 7 / ...
+ 3 + 5 + 7 + 9 + 11 ... *(immer + 2)*

Ganz einfache Systeme, in der Regel Addition kleinerer Zahlen, stehen meistens am Anfang eines Aufgabenblocks mit Zahlenreihen.

2. Mittelschwere Systeme:
– 2 : 2 / – 2 : 2 / ...
+ 2 · 2 / + 2 · 2 / ...

· 2 + 2 / · 2 + 2 / …
: 2 + 2 / : 2 + 2 / …
– 5 +3 / – 5 + 3 / …
– 2 + 3 – 4 + 5 – 6 + 7 …
(das System wächst jeweils um 1, abwechselnd + / –)
– 2 · 2 / – 3 · 3 / – 4 · 4 / …
– 1 + 3 / – 1 + 4 / – 1 + 5 / – 1 + 6 / …
(die erste Zahl bleibt gleich, die zweite vergrößert sich um + 1)
– 9 · 3 / – 8 · 3 / – 7 · 3 / – 6 · 3/ …
– 9 · 4 / – 8 · 4 / – 7 · 4 / – 6 · 4 / …
: 2 + 5 / : 3 + 5 / : 4 + 5 / : 5 + 5 / usw.

3. Schwierigere Systeme:
+ 1 + 2 – 3 / + 4 + 5 – 6 / + 7 + 8 – 9 / … *(das System + + –)*
+ 2 – 3 · 4 / + 5 – 6 ·7 / + 8 – 9 · 10 / …
· 3 : 4 – 5 / · 6 : 7 – 8 / · 9 : 10 – 11 / …
+ 4 + 3 : 2 / + 4 + 3 : 2 / + 4 + 3 : 2 / …
· 3 · 3 – 10 / · 3 · 3 – 10 / …
– 3 : 2 · 3 / – 3 : 2 · 3 / …
: 3 – 7 · 5 / : 3 – 7 · 5 / …
· 3 + 1 : 2 / · 3 + 1 : 2 / …
+ 1 : 2 – 4 / +1 : 2 – 4 / …
+ 7 – 2 · 1 / + 6 – 3 · 1 / + 5 – 4 · 1 /
(hier verändern sich immer die ersten beiden Zahlen)
+ 2 · 2 – 1 / – 2 · 2 + 1 / + 2 · 2 – 1 /
(hier verändern sich das erste und das letzte Vorzeichen)
– 2 · 2 + 2 : 2 / – 2 · 2 + 2 : 2 / …
: 4 + 4 · 4 + 4 / : 4 + 4 · 4 + 4 / …
· 5 – 5 : 5 + 5 / · 5 – 5 : 5 + 5 / …
· 7 – 7 : 7 + 7 / · 7 – 7 : 7 + 7 / …

Die hier präsentierten Systeme sind Hintergrund vieler Zahlenreihenaufgaben, die Ihnen in der realen Testsituation präsentiert werden.
Buchstabengruppen und Buchstabenreihen funktionieren übrigens ähnlich wie Zahlenreihen bzw. einfache Figurenreihen.

Gemeinsamkeiten finden im Zahlenbereich

Gemeinsamkeiten aus zwei Begriffen herausfinden zu lassen ist ein gängiges Testverfahren, welches häufig zum Einsatz kommt. Eine Abwandlung besteht aber im Bereich der Zahlen, die wir Ihnen hier vorstellen wollen. Bitte finden Sie die Gemeinsamkeiten folgender Zahlenreihen heraus:

Aufgaben

a)	1	2	3	5	7	11	13	17	19
b)	3	21	111	30	210	1110	300	2100	11100
c)	7	14	21	28	35	42	49	56	63
d)*	2	22	33	224	55	444	3155	655	585
e)*	1	3	5	7	9	11	13	15	17

* Hier könnte die Reihenfolge der Zahlen eine Rolle spielen.

Lösungen

a) Alles Primzahlen

b) Die Quersumme aller Zahlen ist 3

c) Alles Vielfache von 7

d) Die Quersummen der Zahlen steigen um den Faktor 2

e) Alles ungrade Zahlen, sie steigen um den Faktor 2

Bearbeitungstipps

Bei diesen Aufgaben ist es wichtig, sich die Zahlenreihen genau anzusehen, um die Gemeinsamkeiten herauszufinden. Eine Kenntnis der Grundrechenarten ist ebenfalls unerlässlich. Deshalb empfiehlt es sich, diese Aufgaben im Vorfeld zu üben, um eventuelle Schwachstellen rechtzeitig aufzudecken.*

* Sie können dieses Aufgabentyp mit unserem *Testraining Rechnen und Mathematik*, sowie *Testraining Logik* noch eingehender üben.

Zahlenräder

Gelegentlich werden in Tests so genannte »Zahlenräder« verwendet, die einer bestimmten Systematik folgen. Anhand dieser Systematik soll die Zahl ermittelt werden, die an Stelle des Fragezeichens stehen muss. Bitte ergänzen Sie die fehlenden Zahlen in den nachfolgenden Aufgaben:

1. Aufgabe

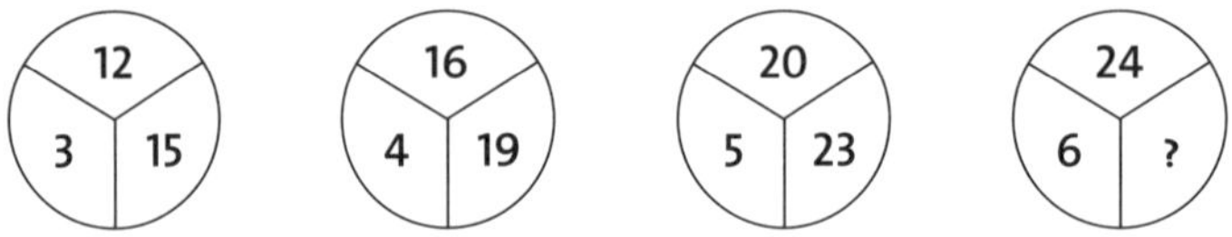

2. Aufgabe

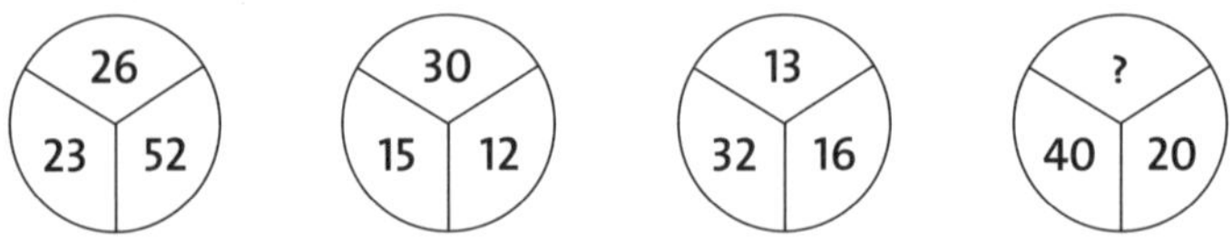

3. Aufgabe

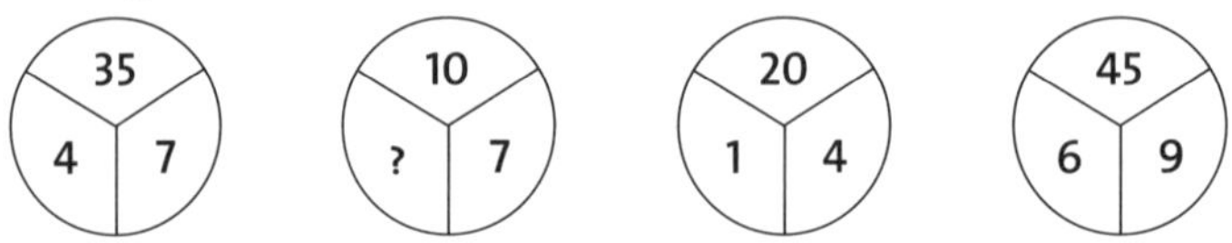

Lösungen

1. Aufgabe

LÖSUNG: 27

ERKLÄRUNG: Die Zahl in dem linken Feld mal 4 genommen ergibt die Zahl in dem oberen Feld. Diese wird mit 3 addiert und ergibt die Zahl im rechten Feld.

2. Aufgabe

LÖSUNG: 17

ERKLÄRUNG: Eine Zahl wird mit 3 addiert und mal 2 genommen. Im letzten Feld ist die Ausgangszahl also 17, die mit 3 addiert 20 ergibt, mal 2 kommt man dann auf die 40. Bei diesen Zahlenrädern wechselt die Ausgangsposition.

3. Aufgabe

LÖSUNG: 50

ERKLÄRUNG: Eine der Zahlen wird durch 5 geteilt, vom Ergebnis werden 3 subtrahiert.

Bearbeitungstipps

- Lösen Sie sich von der Vorstellung, dass die Aufgaben immer nur an einer Stelle beginnen. Fangen Sie die Lösung bewusst auch mal »von hinten« an.
- Setzen Sie auch mal die Zahlen »verdreht« zueinander in Beziehung. Irgendwo muss es zwischen den Zahlenfolgen eine Gemeinsamkeit geben, wenngleich die Räder sich auch mal gedreht haben können.
- Lösen Sie die Aufgaben in der angebotenen Reihenfolge. Die schweren Aufgaben befinden sich meist am Ende der Übung.
- Können Sie eine Aufgabe nicht lösen, so überspringen Sie diese. Es ist besser, Sie nutzen die Zeit für Aufgaben, die Ihnen leichter fallen.

Dominoreihen

Dominoreihen sind ein beliebter Test, um Ihr logisches Denkvermögen zu prüfen – und ganz nebenbei zu testen, wie Sie einfache Rechenoperationen unter Zeitdruck ausführen. Es gilt, den Platz des leeren Dominosteins mit demjenigen zu füllen, der logisch in die Reihe passt.

1. Aufgabe

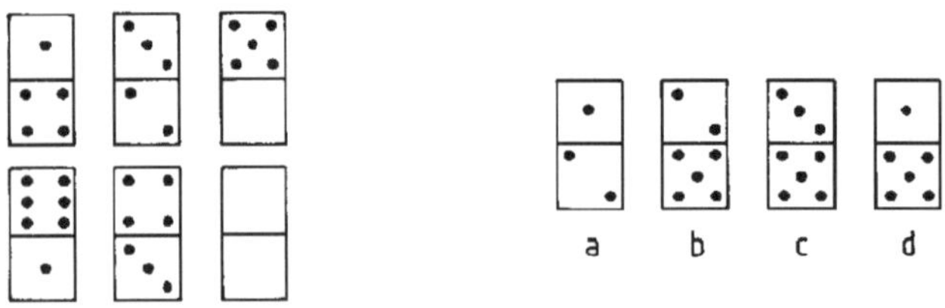

2. Aufgabe

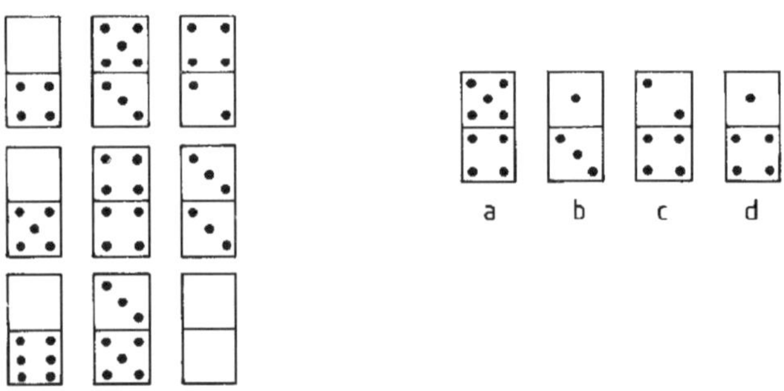

Lösungen

1. Aufgabe

LÖSUNG: b

ERKLÄRUNG: In der ersten Reihe werden die oberen Felder mit 2 addiert, in der unteren Reihe der Dominosteine werden 2 subtrahiert. In der zweiten Dominoreihe ist es genau umgekehrt. Deshalb ist die Lösung b hier die Richtige.
Alternativer Lösungsweg: In der oberen Dominoreihe ergibt die Gesamtaugenzahl immer 5, in der unteren 7. Daher bleibt nur die Lösung b übrig.

2. Aufgabe

LÖSUNG: c

ERKLÄRUNG: Die Dominoreihen können auch von oben nach unten gelesen werden, wobei die Zahlenreihe jeweils dem System »+ 1« oder »– 1« folgt. Das erste Feld ist leer und kann außer Acht gelassen werden.
Erste Reihe, oben: 0–0–0 unten: 4–5–6.
Zweite Reihe, oben: 5–4–3 unten: 3–4–5
Dritte Reihe, oben: 4–3–(2) unten: 2–3–(4)
Alternativer Lösungsweg: Senkrecht gelesen steigen die unteren Augenfelder immer um 1. Die oberen Augenfelder werden immer mit 1 subtrahiert. Dadurch ergibt sich Lösung c.

3. Aufgabe

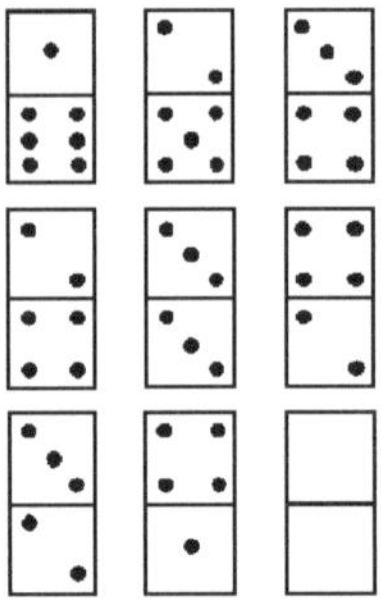

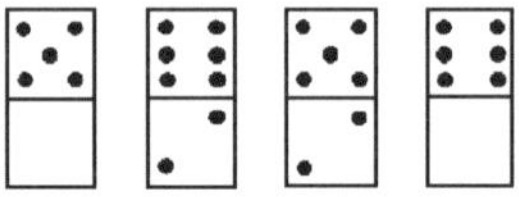

a b c d

Bearbeitungstipps

Dominoreihen sehen komplizierter aus, als sie in Wirklichkeit sind, denn eigentlich handelt es sich um einfachste Rechenaufgaben (die sozusagen mit den Fingern abzuzählen sind).

Wichtig ist, dass Sie sich zunächst einmal die Abfolge der oberen Felder einer Dominoreihe anschauen. Wie verhalten sich die Punkte (Zahlen) zueinander? Meistens wird addiert oder subtrahiert (1, 2, 3 oder 2, 4, 6 etc., aber auch 5, 4, 3 Punkte sind das simpelste System einer Reihe). In der nächsten Reihe Dominosteine im oberen Feld geht es meistens ähnlich zu. Und in der dritten Reihe ist der letzte Dominobaustein dann von Ihnen aus einer vorgegebenen Lösungsanzahl auszuwählen.

Haben Sie sich die oberen Felder einer ersten, zweiten und dritten Reihe angeschaut, die sich übrigens nicht notwendigerweise logisch aneinander schließen

3. Aufgabe

LÖSUNG: a

ERKLÄRUNG: Die oberen Zahlen nehmen fortlaufend zu: 1–2–3
2–3–4
3–4–(5)

Die unteren Zahlen nehmen fortlaufend ab: 6–5–4
4–3–2
2–1–(0)

Alternativer Lösungsweg: Senkrecht gelesen werden die oberen Felder der Dominosteine immer mit 1 addiert, von den unteren werden 2 subtrahiert. Dadurch ergibt sich Lösung a.

müssen, machen Sie das mit den unteren Feldern genauso. Auch hier muss der dritte Dominostein einer Reihe sich nicht an den ersten der folgenden Reihe logisch anschließen (er könnte es aber).
In manchen Dominoreihen werden die Zahlensymbole einfach nur von links nach rechts vertauscht. Ist die Abfolge 5, 2, 3, wandert zunächst die 2 nach vorne, und wir haben 2, 5, 3. Danach wandert die 3, das ergibt 3, 2, ?, ein leeres Feld, das jetzt die 5 tragen müsste.
Andererseits können die Zahlensymbole auch durch einfache Rechenoperationen entstehen. So werden zum Beispiel die Zahlen der ersten beiden Felder addiert und ergeben die Zahl des dritten Feldes.
Mit ein bisschen Übung haben Sie rasch alle Möglichkeiten geknackt und mit Hilfe der Ausschlussmethode (welcher Lösungsvorschlag kommt garantiert nicht in Frage?) schnell die Lösungsmöglichkeiten eingegrenzt.

Zahlensymbole

Bei dieser Aufgabe wurden Ziffern durch bestimmte Symbole ersetzt. Einzelne Symbole entsprechen dabei einer einstelligen Zahl (0–9), zwei nebeneinander stehende Symbole einer zweistelligen Zahl (10–99). Die Aufgabe besteht darin, herauszufinden, welche Ziffer für ein bestimmtes Symbol eingesetzt werden muss, damit die Aufgabe richtig gelöst werden kann

1. Aufgabe

□ + □ = ○△

□ = 1 3 4 0 7 2

2. Aufgabe

```
  △□
  △□
  △□
+ △□
----
  ○□
```

□ = 6 2 5 3 0 4

3. Aufgabe

○□ - △○ = △○

○ = 1 0 3 6 7 8

Lösungen

1. Aufgabe

LÖSUNG: 7

ERKLÄRUNG: Nur wenn diese Zahl für das Quadrat eingesetzt wird, kann das Ergebnis zweistellig werden.

2. Aufgabe

LÖSUNG: 0

ERKLÄRUNG: Gesucht wird hier das Quadrat, wobei eine Zahl viermal mit sich selbst addiert die gleiche Endziffer der Ausgangszahl ergeben muss. Damit bleibt nur die 0 für das Quadrat übrig, denn die einzige Zahl, die mit 4 multipliziert wieder die gleiche Zahl ergibt, ist die 0. Nun muss die erste Ziffer beachtet werden. Welche erste Zahl mit der Endziffer 0 viermal mit sich selbst addiert bleibt bei einem zweistelligen Ergebnis? $4 \cdot 20 = 80$ = ein zweistelliges Ergebnis. Die Null ist damit die gesuchte Zahl.

3. Aufgabe

LÖSUNG: 7

ERKLÄRUNG: Versuchen Sie systematisch an diese – etwas schwierigere – Aufgabe heranzugehen und schauen Sie sich die Rechenoperation genau an. Von rechts nach links gelesen werden das Dreieck und der Kreis mit sich selbst addiert und ergeben dann den Kreis und das Quadrat. Wäre der Kreis = 1, so müsste das Quadrat zwingend die 2 sein, die aber als Lösung nicht angeboten wird.

Für die 3 gilt: $3\square - \triangle 3 = \triangle 3$. Von rechts nach links gelesen wäre $3 + 3 = 6$, wobei aber $36 : 2$ nicht $\triangle 3$ ergibt, sondern 18. Diese Lösung ist also auch falsch. Die 0 muss gar nicht geprüft werden, da sonst die erste Zahl links einstellig sein müsste.

Für die 6 gilt: $6\square - \triangle 6 = \triangle 6$. Es gilt $6 + 6 = 12$. Da die 6 aber gerade ist und nun die erste Ziffer ungerade sein müsste, kann die 6 auch nicht die gesuchte Lösung sein. Bleibt die 7 zu prüfen: $7\square - \triangle 7 = \triangle 7$. Es gilt $7 + 7 = 14$, sodass $37 + 37 = 74$. Das Quadrat muss folglich durch die 4, das Dreieck durch die 3 und der Kreis durch die 7 ersetzt werden.

4. Aufgabe

$\triangledown\oslash : \oslash = \oslash$

$\oslash$ = 1 3 0 4 2 5

5. Aufgabe

$\triangle + \triangle + \triangle + \triangle = \bigcirc$

$\triangle$ = 3 7 0 4 2 5

Bearbeitungstipps

Dieser Aufgabentypus löst bei vielen schnell Panikattacken aus. Aber auch hier geht es nicht um höhere Mathematik oder gar abnormes Abstraktionsvermögen. Mit ein bisschen Mut und dem richtigen Training wird es Ihnen in Zukunft leichter fallen, diese relativ simplen Aufgaben zu entschlüsseln.

Natürlich ist während eines Tests die Zeit für die Aufgabenbearbeitung so knapp bemessen, dass Sie nicht jeden einzelnen Lösungsvorschlag überprüfen können. Grundsätzlich sollten Sie sich Folgendes merken, um die Lösungsfindung zu erleichtern: Es gibt Zahlen, die mit sich selbst multipliziert eine Zahl ergeben, bei der die Grundzahl wieder auftritt. Diese sind

5 ▶ $5 \cdot 5 = 25$

6 ▶ $6 \cdot 6 = 36$

4. Aufgabe

LÖSUNG: 5

ERKLÄRUNG: Welche Zahl durch die eigene Endziffer geteilt ergibt die eigene Endziffer? Als Endziffer kommt nur die 5 in Frage, da $25:5=5$. Beachten Sie bei dieser Aufgabe unbedingt unsere Bearbeitungstipps, da Sie hier viel Zeit sparen, wenn Sie gewisse Regeln auswendig gelernt haben.

5. Aufgabe

LÖSUNG: 2

ERKLÄRUNG: Gesucht wird eine Zahl, die viermal mit sich selbst addiert ein einstelliges Ergebnis ergibt. Das Ergebnis darf nicht die Zahl selbst sein, da ein Kreis und kein Dreieck entsteht. Somit scheidet die Null als Lösung aus. Es bleibt nur die 2 als Lösung übrig, da bereits die drei viermal addiert zweistellig (12) wird.

Auch folgende Zahlen sollten Sie nicht vergessen:

11 ▸ $11 \cdot 11 = 121$
22 ▸ $22 \cdot 22 = 484$

Außerdem ist es, auch für andere mathematische Tests, in jedem Fall empfehlenswert, alle Quadratzahlen bis $25 \cdot 25$ auswendig zu lernen, um wertvolle Zeit zu sparen. Zur Ergänzung empfehlen wir Ihnen Folgendes:
Gehen Sie nach der Ausschlussmethode vor: Welche Lösung kann es auf keinen Fall sein? So bleiben meist nur wenige Zahlen übrig, die Sie überprüfen müssen.
Setzen Sie für die Symbole auf einem Schmierzettel Zahlen ein. Oft hilft es schon, wenn Sie ein paar Symbole durch Zahlen ersetzt haben und nun etwas klarer die Aufgabe vor Augen haben.
Mit genügend Ruhe und Zeit wird es Ihnen gelingen, kompetenter in der Lösung solcher Aufgaben zu werden, sodass diese ihren Schrecken verlieren.

Wochentage

Diese Testaufgabe beschäftigt sich mit Wochentagen. Ihre Aufgabe ist es dabei, den logisch richtigen Tag herauszufinden.

1. Aufgabe
Heute ist Montag. Welcher Tag ist drei Tage nach gestern?

2. Aufgabe
Übermorgen ist der 4. Tag nach Samstag. Welcher Tag war vorgestern?

3. Aufgabe
Der Tag, der vor vorgestern lag, liegt 3 Tage nach Samstag. Heute ist also?

4. Aufgabe
Morgen sind es noch 4 Tage bis Sonntag. Welcher Tag ist übermorgen?

5. Aufgabe
Gestern waren bis Sonntag noch 5 Tage. Welcher Tag ist morgen?

6. Aufgabe
Übermorgen in einer Woche ist es zwei Tage vor Dienstag. Vorgestern war?

Lösungen

1. Aufgabe

LÖSUNG: Mittwoch

ERKLÄRUNG: Wenn heute Montag ist, war demzufolge gestern Sonntag. Drei Tage dazugerechnet ergibt Mittwoch.

2. Aufgabe

LÖSUNG: Samstag

ERKLÄRUNG: Wenn übermorgen der 4. Tag nach Samstag ist, so ist heute der 2. Tag nach Samstag, nämlich Montag. 2 Tage zurück = Samstag.

3. Aufgabe

LÖSUNG: Freitag

ERKLÄRUNG: Drei Tage nach Samstag ist Dienstag. Nun handelt es sich um den Tag, der vorgestern war, d. h. es muss drei Schritte zurückgegangen werden (der Tag vor vorgestern), sodass man auf heute kommt. Dienstag plus drei Tage ergibt Freitag.

4. Aufgabe

LÖSUNG: Donnerstag

ERKLÄRUNG: Vom Sonntag 4 Tage zurück = Mittwoch. Nun haben wir aber heute nicht morgen, müssen also noch einen Tag zurückgehen (abziehen) und kommen auf Dienstag. Übermorgen heißt dann wieder 2 Tage vor, also Donnerstag.

5. Aufgabe

LÖSUNG: Donnerstag

ERKLÄRUNG: Sonntag minus 5 Tage = Dienstag. Wir haben nun aber heute und nicht gestern, müssen also noch einen Tag dazuzählen und kommen auf Mittwoch. Der Tag nach Mittwoch ist Donnerstag.

6. Aufgabe

LÖSUNG: Mittwoch

ERKLÄRUNG: Zwei Tage vor Dienstag ist Sonntag. Um von übermorgen auf heute zu kommen, muss man hier 2 Schritte zurückgehen, also Freitag. »In einer Woche« ist vernachlässigbar, der Wochentag ändert sich dadurch nicht. Freitag minus zwei Tage ergibt Mittwoch.

Bearbeitungstipps

Wenn Sie sich mittels einer Vorlage die Schritte langsam verdeutlichen, kommen Sie mit diesem Aufgabentypus besser klar.

Beispiel: Zwei Tage vor vorgestern war Dienstag. Welcher Tag wird übermorgen sein?

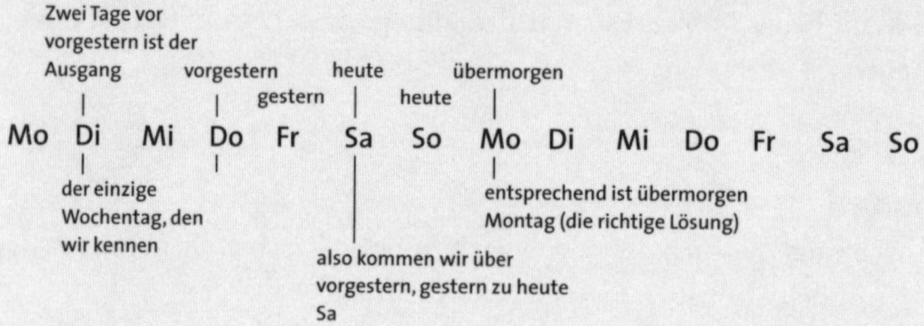

Ein solches Schema wird Ihnen helfen, Aufgaben dieser Art bequem zu lösen. Neben dieser vergleichsweise einfachen Variante gibt es noch sechs weitere Typen, die deutlich schwerer sind, aber weniger häufig vorkommen. (Eine Ausnahme bildet die EDV-Branche, in der diese Typen sehr gerne verwendet werden.) Eine gängige Vorgehensweise in diesen Variationen ist es beispielsweise, die Reihenfolge der Wochentage neu zu definieren.
Um Ihnen einen Überblick über diese Aufgabentypen zu verschaffen, stellen wir Ihnen im Folgenden die einzelnen Variationen kurz vor..

1. Variante

Die Tage werden nummeriert und mit einer Ordnungszahl (1, 2, 3 …) versehen. In jeder Aufgabe wird ein Wochentag als Basistag bestimmt.

1. Beispiel:
Der 3. Tag der Woche ist Mittwoch. Heute ist der 6. Tag der Woche. Welcher Tag ist morgen?
LÖSUNG: Sonntag
ERKLÄRUNG: Wenn der 3. Tag der Mittwoch ist, so ist der 6. Tag ein Samstag. Morgen wäre also Sonntag. (Basistag in diesem Falle wäre der Montag.)

2. Beispiel:
Der 7. Tag der Woche ist Freitag. Wenn übermorgen der 5. Tag ist, welcher Tag war der 2. Tag vor vorgestern?

LÖSUNG: Donnerstag

ERKLÄRUNG: Wenn Freitag der 7. Tag ist, so ist der 5. Tag ein Mittwoch, dieser wäre übermorgen. Heute wäre also ein Montag. Vorgestern wäre ein Samstag, zwei Tage davor wäre Donnerstag.

Bei diesen Aufgaben muss man den l. Tag der Woche, den Basistag, herausfinden. Man kann diesen dann anhand der Ordnungszahlen abzählen und schließlich wieder den Wochentag zuordnen. Es ist also ein kleiner Umweg erforderlich.

Mo	1	5
Di	2	6
Mi	3	7
Do	4	1
Fr	5	2
Sa	6	3
So	7	4

Diese Variante muss natürlich im Kopf erfolgen, denn Notizen sind nicht erlaubt.

2. Variante (schwer)

Die Reihenfolge der Wochentage wird umgedreht, sie zählen rückwärts.
Es gilt nun So – Sa – Fr – Do – Mi – Di – Mo!

1. Beispiel:

Die Wochentage zählen rückwärts. Wenn gestern Samstag war, welcher Tag wird morgen sein?

LÖSUNG: Donnerstag

ERKLÄRUNG: Gestern war Samstag, also ist heute Freitag und morgen Donnerstag.

2. Beispiel:

In drei Tagen haben wir Donnerstag. Welcher Tag ist zwei Tage vor morgen?

LÖSUNG: Montag

ERKLÄRUNG: In drei Tagen ist Donnerstag, heute wäre demnach Sonntag, morgen wäre Samstag, zwei Tage zurück Montag!

3. Variante (Verschärfung)

Die rückwärts zählenden Wochentage werden nummeriert, d. h., wenn Montag der l. Tag ist, so ist Sonntag der 2. Tag und Dienstag der 7. Tag!. Die Nummerierung erfolgt in jeder Aufgabe neu.

1. Beispiel:
Die Wochentage zählen umgekehrt. Wenn übermorgen der 5. Tag ist, welcher Tag ist dann gestern, wenn der 6. Tag ein Sonntag ist?
LÖSUNG: Donnerstag
ERKLÄRUNG: Der 6. Tag ist Sonntag; der 5. Tag, also übermorgen, wäre ein Montag; wenn übermorgen Montag ist, so ist heute Mittwoch und gestern Donnerstag!

		gestern	heute		übermorgen		6. Tag	
So	Sa	Fr	Do	Mi	Di	Mo	So	Sa

4. Variante (neue Schikane)
Die Reihenfolge der Wochentage wird verschoben, erst kommen die ungeraden, dann die geraden Tage: So – Di – Do – Sa – Mo – Mi – Fr.
Diese Reihenfolge ist zwingend für die weiteren Aufgaben!

1. Beispiel:
Wenn vorgestern ein Samstag war, welcher Tag wird übermorgen in drei Tagen sein?
LÖSUNG: Samstag
ERKLÄRUNG: Vorgestern war Samstag; heute ist also ein Mittwoch, übermorgen ein Sonntag. Drei Tage dazu ergibt wieder Samstag.

2. Beispiel:
Wenn heute Freitag ist, welcher Tag war 5 Tage vor übermorgen?
LÖSUNG: Samstag
ERKLÄRUNG: Übermorgen ist Dienstag, 5 Tage zurück ergibt Samstag.

5. Variante (verschärfte Schikane)
Die Wochentage werden wieder nummeriert, d. h. die neu definierte Reihenfolge So – Di – Do – Sa – Mo – Mi – Fr bleibt und ein beliebiger Tag wird jeweils zum Basistag bestimmt.

1. Beispiel:
Gestern war der 3. Tag, Sonntag ist der 6. Tag. Welcher Tag ist morgen?
LÖSUNG: Freitag
ERKLÄRUNG: Wenn Sonntag der 6. Tag ist, so ist, wenn gestern der 3. Tag war, heute der 4. Tag und morgen der 5 . Tag, also Freitag.

2. Beispiel:
Übermorgen ist der 6. Tag. Welcher Tag ist heute, wenn der 5. Tag 3 Tage vor Freitag liegt?
LÖSUNG: Donnerstag
ERKLÄRUNG: Wenn übermorgen der 6. Tag ist, so ist heute der 4. Tag. Basistag ist Freitag, also ist der 4. Tag ein Donnerstag.

2. Tag	3. Tag	4. Tag	5. Tag	6. Tag	7. Tag	1. Tag	2. Tag	3. Tag
So	Di	Do	Sa	Mo	Mi	Fr	So	Di

6. Variante (Super-Schikane)

Reihenfolge (ungerade – gerade) und Nummerierung werden beibehalten, aber die Wochentage verlaufen in umgekehrter Richtung. Es gilt also jetzt: Fr – Mi – Mo – Sa – Do – Di – So.
Der l. Tag wird jeweils in der Aufgabe bestimmt. Ist also zum Beispiel der 2. Tag ein Freitag, so ist der l. Tag ein Sonntag und der 3. Tag ein Mittwoch.

1. Beispiel:
Die Reihenfolge der Wochentage zählt umgekehrt. Der 2. Tag ist Freitag. In 4 Tagen wird der 7. Tag sein. Welcher Tag ist heute?
LÖSUNG: Mittwoch
ERKLÄRUNG: Der 2. Tag ist ein Freitag; in 4 Tagen ist der 7. Tag: Dienstag; 4 Tage zurückgerechnet ergibt Mittwoch.

Sprachgefühl

Um Ihr Sprachgefühl zu testen, werden bei dieser Aufgabe fünf Wörter vorgegeben, von denen sich vier in einer gewissen Weise ähneln. Das fünfte Wort, das nicht in diese Reihe passt, müssen Sie herausfinden.

1. Aufgabe

a) Tisch
b) Sessel
c) Schrank
d) Bett
e) Taube

2. Aufgabe

a) Butter
b) Milch
c) Gras
d) Käse
e) Joghurt

3. Aufgabe

a) Trugschluss
b) Unterschlagung
c) Schwindel
d) Fälschung
e) Betrug

4. Aufgabe

a) Kochen
b) Schneidern
c) Brauen
d) Schmieden
e) Lernen

5. Aufgabe

a) gelegentlich
b) übermorgen
c) demnächst
d) in Kürze
e) bald

6. Aufgabe

a) Patient
b) Klient
c) Mandant
d) Kunde
e) Freund

Lösungen

1. Aufgabe

LÖSUNG: e

ERKLÄRUNG: Bei a, b, c und d handelt es sich um Möbelstücke.

2. Aufgabe

LÖSUNG: c

ERKLÄRUNG: Bei allen anderen Begriffen handelt es sich um Lebensmittel.

3. Aufgabe

LÖSUNG: a

ERKLÄRUNG: Beim Trugschluss irrt man sich selbst, während alle anderen Dinge von anderen Personen angerichtet werden.

4. Aufgabe

LÖSUNG: e

ERKLÄRUNG: »Lernen« ist ein geistiger Vorgang, die restlichen handwerkliche.

5. Aufgabe

LÖSUNG: b

ERKLÄRUNG: »übermorgen« ist zeitlich viel präziser als alle anderen Aussagen.

6. Aufgabe

LÖSUNG: e

ERKLÄRUNG: Der »Freund« steht in einer privaten Beziehung, zu den anderen unterhält man Geschäftsbeziehungen.

Bearbeitungstipps

Bei solchen Aufgaben kann es vorkommen, dass Ihnen unbekannte Begriffe verwendet werden. Um diesem Fall vorzubeugen, sollten Sie Ihren Wortschatz im Vorfeld durch regelmäßige Lektüre erweitern. Viele Begriffe lassen sich außerdem auch aus den anderen Wörtern herleiten.

Sprachanalogien

Bei einem solchen Aufgabentyp müssen Sie aus vorgegebenen Lösungsvorschlägen das Wort auswählen, das ein fehlendes Element in einer Wortgleichung sinnvoll ergänzt. Anders ausgedrückt: Drei Worte sind vorgegeben, bei denen die ersten beiden in einer gewissen Beziehung stehen. Sie sollen nun ein viertes Wort aus den vorgegebenen Lösungsmöglichkeiten heraussuchen, das zum dritten Wort ebenfalls in einer passenden Beziehung steht.

1. Aufgabe

Dach verhält sich zu Keller wie Decke zu …?

a) Teppich
b) Leuchter
c) Wand
d) Boden

2. Aufgabe

Gerade verhält sich zu Viereck wie Kurve zu …?

a) Fläche
b) Kugel
c) Quadrat
d) Kreis
e) Laufbahn
f) Kegel

3. Aufgabe

Auto verhält sich zu Räder wie Flugzeug zu …?

a) Motor
b) fliegen
c) Tragflächen
d) Pilot
e) Düsen
f) Kerosin

4. Aufgabe

Muster verhält sich zu Entwurf wie Maschine zu …?

a) Antrieb
b) kaputt
c) Räder
d) Arbeit
e) Konstruktion
f) Kraft

5. Aufgabe

Manchmal verhält sich zu oft wie etwas zu …?

a) mehr
b) viel
c) immer
d) meistens
e) wenig
f) alles

Lösungen

1. Aufgabe

LÖSUNG: d

ERKLÄRUNG: Das dürfte klar sein. Bei dieser Oben/Unten-Analogie kommt nur der Boden infrage. Alles andere wäre ausgemachter Unsinn.

2. Aufgabe

LÖSUNG: d

ERKLÄRUNG: Die Gerade ist ein Bestandteil des Vierecks. Genauso ist die Kurve ein Bestandteil des Kreises. Da es sich beim Viereck um ein zweidimensionales Objekt handelt, muss also auch der gesuchte Begriff ein zweidimensionales Objekt darstellen – weswegen auch die Kugel als Antwort falsch ist.

3. Aufgabe

LÖSUNG: c

ERKLÄRUNG: Ein Auto braucht Räder, um fahren zu können. Ein Flugzeug braucht Tragflächen, um fliegen zu können.

4. Aufgabe

LÖSUNG: e

ERKLÄRUNG: Aus einem Entwurf wird ein Muster. Aus einer Konstruktion wird eine Maschine.

5. Aufgabe

LÖSUNG: b

ERKLÄRUNG: »manchmal« ist das Gegenteil von »oft« – »etwas« ist das Gegenteil von »viel«.

6. Aufgabe

Leder verhält sich zu Eisen wie zäh zu …?

a) flexibel	c) hart	e) biegsam
b) schwer	d) haltbar	f) fest

7. Aufgabe

Telegramm verhält sich zu Brief wie Stichwort zu …?

a) Nachricht	c) Zeile	e) Satz
b) Erzählung	d) Information	f) Telefonat

Bearbeitungstipps

Diese Form der Testaufgaben kommt in fast allen so genannten wissenschaftlichen Tests vor. Man versteht darunter eine Art Gleichung, eine Form der Übereinstimmung zwischen zwei Objekten oder Begriffen, die in einer bestimmten, ähnlichen Beziehung zueinander stehen. Zu unterscheiden sind

1. verbale Analogien
2. nicht verbale, wie numerische und geometrische Analogien
3. doppelte Analogien

Die Standardanalogie hat die Form A : B = C : D und wird gelesen: A verhält sich zu B wie C zu D.

In den Testaufgaben fehlt einer dieser vier Begriffe und ist im Multiple-Choice-System aus einer vorgegebenen Lösungsmenge als allein richtige Antwort auszuwählen.

1. Verbale Analogien

Zwischen zwei Begriffen auf der einen Seite der Gleichung entsteht eine Art Beziehung, die auf der anderen Seite in ähnlicher Weise wiederholt wird. Bei leichten Aufgaben ist das kein Problem, es gibt auch Testaufgaben, die einem schon mehr Kopfzerbrechen bereiten können, wie zum Beispiel

Nase : brenzlig = Zunge : …?…

a) belegt b) sauer c) schmecken d) trocken e) muffig

6. Aufgabe

LÖSUNG: c

ERKLÄRUNG: Leder ist zäh. Eisen ist hart.

7. Aufgabe

LÖSUNG: e

ERKLÄRUNG: Ein Telegramm ist in der Regel kurz und besteht aus Stichworten. Ein Brief hingegen ist länger und besteht aus ganzen Sätzen.

Die richtige Lösung b erklärt sich dadurch, dass wir mit der Nase etwas riechen können, wenn es angebrannt ist und zum Schmecken mit der Zunge unter den vorgegebenen Lösungsmöglichkeiten *sauer* diesem Vorgang am besten entspricht.
Würde die Aufgabe lauten
Nase : brenzlig = Auge : …?…
a) Schatten b) Tränen c) weinen d) gefährlich e) schmutzig
wäre hier die richtige Analogie d, weil es das linke Verhältnis am besten nachbildet.
Um mit diesem Aufgabentyp besser klarzukommen, gibt es eine Reihe von Aufbauprinzipien. Dabei ist die richtige *Verbindungsformulierung* der Zugang zur Lösung.

Beispiel:
Trauer : Stimmung = Zorn …?…
a) Ärger b) Wut c) Affekt d) Verlust d) Depression
Mit der richtigen Verbindungsformulierung »Trauer ist eine Art von Stimmung« erreichen wir auch die Lösung c (»Zorn ist eine Art von Affekt«), eine außergewöhnlich heftige seelische Erregung.
Verkompliziert wird das System gelegentlich dadurch, dass bisweilen die Verbindungsformulierung nicht nur auf einer Seite anzuwenden ist, wie bei Trauer : Stimmung oder Nase : brenzlig, sondern eine Beziehung zwischen dem ersten und dem dritten Wort/Begriff herzustellen ist.

Beispiel:
Brot : Wein = Getreide : ...?...
a) Weizen b) Butter c) Becher d) Flasche e) Trauben
»Brot wird aus Getreide hergestellt, Wein aus Trauben«, wäre hier die richtige Verbindungsformulierung.

Mit den folgenden Beziehungs- oder Verbindungsformulierungen für Wortanalogien können Sie diesen Aufgabentypus besser lösen:

- Gleiche Bedeutung (»bedeutet das Gleiche wie ...«)
- Gegensätzliche Bedeutung (»bedeutet das Gegenteil von ...«)
- Beschreibung (»ist eine Art von ...«)
- Abstufung (»ist eine schwächere/stärkere Ausprägung von ...«)
- Teilmenge (»ist ein Teil von, aus ...«)
- Ursache/Folge (»ist eine Ursache von ...«/»tritt gleichzeitig auf mit ...«)
- Wirkung/Funktion (»hat die Bedeutung/Funktion/Wirkung von, für ...«)
- Verhältnis (»steht in einem besonderen Verhältnis zu ...«)
- Anwendung/Werkzeug (»wird benutzt um/von ...«)
- Handlung (»ausführen/machen mit ...«)
- Herstellung (»wird gemacht/gewonnen aus ...«)
- Maßeinheit (»ist Maßeinheit für ...«/»ist größere/kleinere Maßeinheit von, für ...«)
- Lokalisation (»finden wir/befindet sich in, an ...«)
- Verknüpfung/Urheberschaft (»ist von ...«)

2. Numerische und geometrische Analogien

Bei den numerischen Analogien handelt es sich es um Rechenoperationen. Die Zahlen stehen in einem bestimmten Verhältnis zueinander, das es zu analysieren gilt. Bisweilen werden auch Buchstaben eingesetzt, die in numerischer Relation zueinander stehen.

1. Beispiel:
3 : 9 = 4 : ...?...
a) 10 b) 16 c) 20 d) 21 e) 27
LÖSUNG: b ($3 \cdot 3 = 9, 4 \cdot 4 = 16$)
ERKLÄRUNG: 9 ist das Quadrat von 3, 16 das von 4.

2. Beispiel:

C : F = M : …?…

a) N b) P c) X d) L e) A

LÖSUNG: b

ERKLÄRUNG: P ist zwei Buchstaben von M entfernt, wie F von C.

Bei den geometrischen Analogien wird die Analogie aus Figuren statt aus Symbolen gebildet. Eine Aufgabe dieses Typs kann zum Beispiel so aussehen:

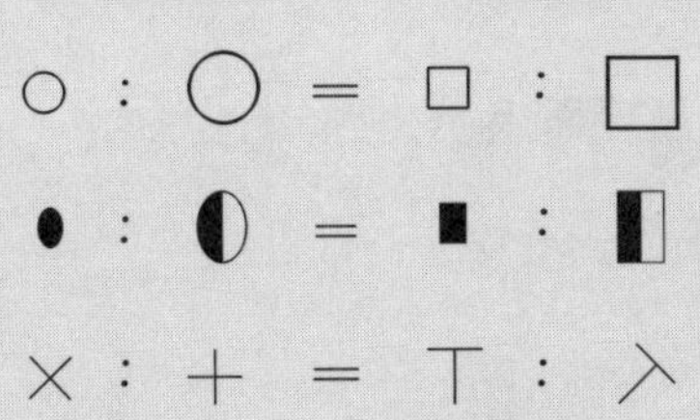

ERKLÄRUNG: In den ersten beiden Reihen ist die zweite Figur sozusagen eine stärkere Ausprägung der ersten Figur. In der dritten Reihe wird die Ausgangsfigur jeweils gedreht.

3. Doppelte Analogien

? : Vater = Tochter : ?

a) Kind	A) Familie
b) Schwester	B) Mutter
c) Sohn	C) Kind
d) Junge	D) Oma
e) Mann	E) Enkel

LÖSUNG: c / B

ERKLÄRUNG: Hier kann man in zwei Schritten wie bei den Wortanalogien vorgehen und dann beide auf ihre Kompatibilität untereinander überprüfen. Auf der linken Seite fallen Kind und Schwester sofort raus. Vater : Mann würde passen, wenn auf der rechten Seite Tochter : Frau stehen könnte. Hier ist aber nur Tochter : Mutter verfügbar und dazu passt nur Sohn : Vater.
Bevor man sich diesem Aufgabentyp zuwendet, sollte man zunächst die Lösungsstrategien der einfachen Analogien trainieren.

Grafik-Analogien

Hier geht es darum, grafische Figuren miteinander in Beziehung zu setzen.

1 

a b c d e

2 

a b c d e

3 

a b c d e

4 

a b c d e

5 

a b c d e

6 

a b c d e

7 

a b c d e

Lösungen

1. Aufgabe

LÖSUNG: d

ERKLÄRUNG: Die Außenfigur verschwindet, die Innenfigur wird leer.

2. Aufgabe

LÖSUNG: e

ERKLÄRUNG: Auf der rechten Seite sind die Figuren von links um 90° gedreht.

3. Aufgabe

LÖSUNG: b

ERKLÄRUNG: Das Quadrat dreht sich um 90° und wird zum Kreis. Es kommen zwei weitere Linien hinzu.

4. Aufgabe

LÖSUNG: a

ERKLÄRUNG: Die Figur bekommt einen schwarzen Kreis – bei unveränderter Figurgröße.

5. Aufgabe

LÖSUNG: e

ERKLÄRUNG: Mathematisch: 6 : 2 =3 : 1. Hier muss zudem auf das richtige Symbol (Hexagon) geachtet werden.

6. Aufgabe

LÖSUNG: b

ERKLÄRUNG: Die Figur wird zunächst um 90° nach rechts gedreht, dann das Innere der Figur an der Mittelachse gespiegelt.

7. Aufgabe

LÖSUNG: a

ERKLÄRUNG: Die Außenfigur fällt weg. Der Kreis wird gespiegelt, wobei die gestreiften Flächen weiß, die weißen Flächen gestreift werden.

8 

a b c d e

9 

a b c d e

10 

a b c d e

11 

a b c d e

12 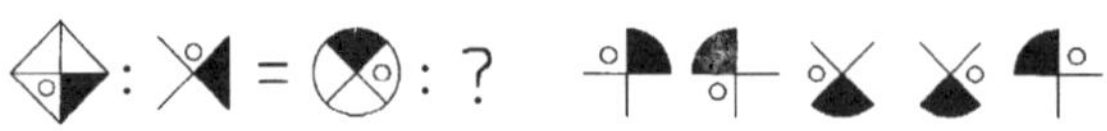

a b c d e

13 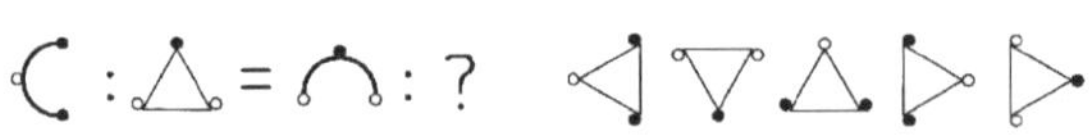

a b c d e

14 

a b c d e

8. Aufgabe

LÖSUNG: c

ERKLÄRUNG: Die Figur wird um 180° gedreht, der Mittelstrich fällt jeweils weg.

9. Aufgabe

LÖSUNG: e

ERKLÄRUNG: Die Figur wird um 180° gedreht und die Farben der Punkte vertauscht.

10. Aufgabe

LÖSUNG: c

ERKLÄRUNG: Das gestrichelte Muster wird in der Mitte getrennt und die untere Hälfte davon gespiegelt.

11. Aufgabe

LÖSUNG: a

ERKLÄRUNG: Zunächst wird die Figur um 90° nach links gedreht, dann die schraffierte Fläche durch das Rautenmuster ersetzt.

12. Aufgabe

LÖSUNG: b

ERKLÄRUNG: Die Figur ist geviertelt. Zunächst eine Drehung um 45° nach links, dann fallen die äußeren Begrenzungslinien (Quadrat bzw. Kreis) weg. Schließlich wandert der kleine Kreis in das gegenüberliegende Viertel.

13. Aufgabe

LÖSUNG: d

ERKLÄRUNG: Das Objekt wird um 90° nach rechts gedreht, die Farben der kleinen Kreise vertauscht, und der Bogen wird zum Dreieck.

14. Aufgabe

LÖSUNG: e

ERKLÄRUNG: Die Figur wird um 90° im Uhrzeigersinn gedreht. Der kleine Kreis behält seine Farbe, während die anderen Formen ihre Farben tauschen.

Sprichwörter

Eine Aufgabe, die sich häufig in Eignungs- und Einstellungstests findet, ist Sprichwörter mit ähnlicher Bedeutung erkennen zu müssen.

1. Aufgabe
Wie man sich bettet, so liegt man.
a) Nach dem Essen soll man ruhen oder tausend Schritte tun.
b) Wer rastet, der rostet.
c) In den Eimer geht nicht mehr, als er fassen kann.
d) Wie in den Wald hineingerufen wird, so schallt es heraus.

2. Aufgabe
Hochmut kommt vor dem Fall.
a) Wer sich selbst erhöht, der soll erniedrigt werden.
b) Wer über sich haut, dem fallen bald Späne in die Augen.
c) Wer bereuen kann, der hat seinen Hochmut eingebüßt.
d) Wer im Glashaus sitzt, soll nicht mit Steinen werfen.

3. Aufgabe
Wer sich in Gefahr begibt, kommt darin um.
a) Wer einmal lügt, dem glaubt man nicht.
b) Was Jupiter darf, darf der Ochse noch lange nicht.
c) Vorsicht ist besser als Nachsicht.
d) Wer sich unter die Kleie mischt, den fressen die Schweine.

4. Aufgabe
Wie die Alten sungen, so zwitschern die Jungen.
a) Wer A sagt, muss auch B sagen.
b) Reden ist Silber, Schweigen ist Gold.
c) Junge fiedeln, wie Alte die Geigen gestimmt haben.
d) Jung gewohnt, alt getan.

Lösungen

1. Aufgabe

LÖSUNG: d

ERKLÄRUNG: Je nachdem, wie man etwas macht bzw. vorbereitet, bekommt man ein entsprechendes Ergebnis.

2. Aufgabe

LÖSUNG: b

ERKLÄRUNG: Eine Warnung vor Selbstüberschätzung. Jeder ist angreifbar und nicht fehlerfrei. Tut man so, als wäre man es doch, wird man dafür die Quittung bekommen.

3. Aufgabe

LÖSUNG: d

ERKLÄRUNG: Das Sprichwort meint, dass man sich vor Gefahren hüten soll, da man diese sonst u. U. nicht überlebt. Bei Lösung d ist man so konform mit der Kleie, dem Schweinefutter, dass diese einen nicht bemerken und mit auffressen.

4. Aufgabe

LÖSUNG: c

ERKLÄRUNG: Jemand Älteres »erzieht« einen Jüngeren, der dann die Meinung des Alten so übernimmt und in Zukunft vertritt.

Bearbeitungstipps

Diese Art der Aufgabe lässt sich dadurch trainieren, dass man im Vorfeld versucht, sich die gängigsten Sprichwörter einzuprägen. Es kann aber auch immer mal vorkommen, dass Sie ein Sprichwort nicht kennen. In diesem Fall hilft nur der Versuch, sich die Bedeutung herzuleiten. Aber: Vermeiden Sie auf jeden Fall, sich zu verzetteln. Wenn Sie mit einer Lösung nicht weiterkommen, so lassen Sie diese Aufgabe besser aus und versuchen Sie, eine leichtere zu lösen.

Unmöglichkeiten

In dieser Aufgabe werden sechs Behauptungen aufgestellt. Entweder fünf sind richtig und eine falsch oder aber fünf sind falsch und nur eine ist richtig. Ihre Aufgabe ist es, die richtige oder die falsche Behauptung herauszufinden.
Ein Tipp vorweg: Versuchen Sie bei diesen Aufgabentypen immer als Erstes herauszufinden, ob es sich bei der gesuchten Lösung um die eine richtige oder die eine falsche Aussage handelt. Betrachten Sie dazu einfach immer nur zwei Aussagen, bei denen Sie sich der Lösung sicher sind. Sind beide Ihrer Meinung nach richtig, so ist die falsche Lösung gesucht, sind beide Ihrer Meinung nach falsch, so müssen Sie nach der richtigen Lösung suchen.

1. Aufgabe
Es ist völlig unmöglich, dass Schall sich ausbreitet …
a) in Gasen
b) in geschlossenen Räumen
c) in luftleeren Räumen
d) in Flüssigkeiten
e) bei Nebel
f) bei Dunkelheit

2. Aufgabe
Die Summe zweier positiver Zahlen ist unmöglich …
a) gleich 0
b) durch 7 teilbar
c) kleiner als 2
d) größer als 2 000 000
e) größer als 1
f) kleiner als 1

Lösungen

1. Aufgabe

LÖSUNG: c

ERKLÄRUNG: Nebel und Dunkelheit haben mit der Ausbreitung von Schall nichts zu tun. Somit wird hier die eine richtige Aussage gesucht.
Sauerstoff, Kohlendioxid etc. sind Gase, die wir täglich um uns haben – und trotzdem können wir hören. Damit ist diese Antwort auch definitiv falsch. In geschlossenen Räumen können Sie auch noch hören und Schall breitet sich auch im Wasser aus. Es bleibt also Lösung c als richtige Lösung übrig (deshalb gibt es auch doppelt verglaste Fenster mit einem Vakuum zwischen den Scheiben).

2. Aufgabe

LÖSUNG: a

ERKLÄRUNG: Da in den Lösungsmöglichkeiten »größer als 1« und »kleiner als 1« angegeben und diese im Sinne der Fragestellung falsch sind (0,4 ist z. B. auch eine positive Zahl), wird hier erneut die eine richtige Lösung gesucht. Diese Lösung muss Antwort A sein, da 0 keine positive Zahl ist. Positive Zahlen sind generell größer als 0.

3. Aufgabe

Bei Gegenverkehr ist es wirklich unmöglich, dass ...
a) einem Lkw entgegenkommen
b) man selbst überholt wird
c) Autos am Straßenrand parken
d) Kraftfahrzeuge nur in eine Richtung fahren
e) die Polizei Anstoß nimmt
f) Sichtbehinderungen auftreten

4. Aufgabe

Ein Atomkraftwerk kann unmöglich ...
a) einen Unfall haben
b) abgestellt werden
c) billigen Strom produzieren
d) ohne Sicherungsvorkehrungen auskommen
e) in Brand geraten
f) von Terroristen besetzt werden

Bearbeitungstipps

Zugegeben ein Aufgabentyp, bei dem der Name Programm zu sein scheint. Aber mit etwas Abstand und Ruhe, vor allem aber Übung ist das dahinter liegende System leicht zu knacken.

Es fängt bei der Aufgabenerklärung an. Diese ist wirklich mit aller Sorgfalt und soviel Ruhe wie möglich zu lesen. Worum geht es? Sechs Aussagen werden getroffen, die es zu untersuchen gilt. Sind die Aussagen zutreffend oder nicht? Gibt es fünf falsche und eine einzige richtige oder umgekehrt fünf richtige und nur eine einzige falsche? Wenn Sie das wirklich begriffen haben, sind Sie schon ein ganzes Stück weiter.

Was die Aufgaben dann erschwert, ist bisweilen der Einsatz einer doppelten Verneinung. Hilfreich ist die Vorstellung, dass ein Richter einen Zeugen befragt. Beispiel:

Aussage: *Auf keinen Fall kann man in der Antarktis auf Räuber stoßen.*

Sie als Richter müssen diese Zeugenaussage beurteilen. Warum sollte man unter keinen Umständen in der Antarktis auf Räuber stoßen können? Der Zeuge lügt, die Aussage ist falsch. Das Gleiche gilt für die nächste Aussage des Zeugen:

3. Aufgabe

LÖSUNG: d

ERKLÄRUNG: Bei Gegenverkehr können einem selbstverständlich Lkw entgegenkommen und man kann auch überholt werden. Es wird hier somit eine richtige Antwort gesucht. Würden Kfz nur in eine Richtung fahren, so gäbe es keinen Gegenverkehr, so dass diese Lösung richtig sein und im Sinne der Fragestellung die gesuchte Antwort sein muss.

4. Aufgabe

LÖSUNG: d

ERKLÄRUNG: Verdeutlichen Sie sich auch hier wieder zuerst die gesuchte Lösung: Ist es die eine richtige Aussage oder die eine falsche? Ein AKW kann sowohl einen Unfall haben (Stichwort: Tschernobyl) als auch abgestellt werden. Somit wird die eine richtige Antwort gesucht. Zweifellos kann ein AKW billigen Strom produzieren und von Terroristen besetzt werden. Ohne Sicherheitsvorkehrungen kann es allerdings nicht auskommen, womit Lösung d hier die gesuchte Antwort ist.

Auf keinen Fall kann man in der Antarktis russische Forscher antreffen.
Auch diese »Zeugenaussage« ist als falsch zu beurteilen.
Nächste Aussage:
Auf keinen Fall kann man in der Antarktis englische Touristen sehen.
Auch diese »Zeugenaussage« ist falsch.
Auf keinen Fall kann man in der Antarktis auf Eisbären treffen.
Diese »Zeugenaussage« ist unter zoologischen Gesichtspunkten richtig, denn nur in der Arktis sind die »weißen Genossen« zu Hause.
Die Aussage, dass man in der Antarktis keine Eskimos besuchen und nicht Schlittschuh laufen kann, ist genauso falsch.

Von Vorteil ist ein gutes physikalisches und chemisches Allgemeinwissen wegen der Schwerpunkte in diesen Testaufgaben, die nicht der Phantasie der Autoren entspringen, sondern aus der Testrealität stammen.
Denken Sie immer daran: Übung macht den Meister!

Schlussfolgerungen

Bei diesem Aufgabentyp müssen Sie die gestellten Fragen unter Berücksichtigung der Informationen, die Sie bekommen, beantworten.

1. Aufgabe
Welches Auto ist am schnellsten?
Auto A ist langsamer als Auto C.
Auto D ist langsamer als Auto B, aber schneller als Auto C.

2. Aufgabe
Sechs Freunde haben eine Abmachung getroffen: Immer wenn einige von ihnen gemeinsam essen gehen, wird für alle das gleiche Gericht bestellt. Da ihre Lieblingsgerichte sehr unterschiedlich sind, muss sich jeweils ein Freund nach dem anderen richten. Bernd zum Beispiel isst gern Suppen, aber zusammen mit Klaus essen sie beide gemeinsam Braten. Emil und Detlef entscheiden sich zusammen immer für Fisch, wenn aber Andreas mitessen soll, bestellen die drei Salat. Klaus isst zusammen mit Detlef Spaghetti, obwohl er eigentlich lieber etwas anderes essen würde. Franz, der am liebsten Eierspeisen isst, richtet sich immer nach Bernd. Was wird bestellt, wenn alle sechs Freunde zusammen essen gehen?

a) Hühnchen
b) Braten
c) Salat
d) Spaghetti
e) Fisch
f) keine Lösung ist möglich
g) Eierspeisen
h) Suppe

Lösungen

1. Aufgabe

LÖSUNG: Auto B ist am schnellsten.

ERKLÄRUNG:

1. Aussage: A < C.
2. Aussage: C < D < B.

Daraus folgt: A < C < D < B – d. h.: Auto B ist am schnellsten.

2. Aufgabe

LÖSUNG: c – Salat

ERKLÄRUNG: Alle Freunde gehen zusammen essen, und es wurde die Abmachung getroffen, dass sich je ein Freund nach dem anderen richten muss. Sie müssen nun sehen, welcher der sechs Freunde den größten »Einfluss« hat, d. h. nach wem sich letztlich gerichtet wird. Zur Verdeutlichung des »Einflusses« werden Relationszeichen benutzt. Zum Beispiel folgt aus der ersten Aussage (Bernd zum Beispiel isst gern Suppen, aber zusammen mit Klaus essen sie beide gemeinsam Braten):

Bernd < Klaus

Es ergeben sich für die anderen im Text getroffenen Aussagen die folgenden Relationen:

Emil = Detlef < Andreas
Klaus < Detlef
Franz < Bernd

Die vier »Ungleichungen« zusammengefasst ergibt sich:

Franz < Bernd < Klaus < Detlef = Emil < Andreas
Andreas hat also den größten »Einfluss«, nach ihm wird sich gerichtet. Da er am liebsten Salat isst und alle das gleiche Gericht essen sollen, wird also Salat bestellt.

3. Aufgabe

Topazine werden nicht am häufigsten gefunden,
jedoch häufiger als Diamantine.
Rubintine und Turkisine findet man gleich oft,
aber Ametistine werden doch häufiger gefunden.
Jedoch werden Ametistine seltener als Topazine gefunden.
Topazine sind viel schöner als Ametistine.
Granatine findet man nicht so oft wie Diamantine.
Welche Edelsteine findet man am häufigsten?

a) Topazine
b) Rubintine und Turkisine
c) keine Lösung ist möglich
d) Turkisine
e) Diamantine
f) Granantine
g) Rubintine
h) Ametistine

3. Aufgabe

LÖSUNG: c – keine Lösung möglich

ERKLÄRUNG:

Diamantine < Topazine
Rubintine/Turkisine < Ametistine
Ametistine < Topazine
Granatine < Diamantine

Aussagen wie »Topazine sind schöner als Ametistine« sollen nur verwirren und müssen nicht beachtet werden

Es ergibt sich: Granatine < Diamantine < Rubintine < Ametistine < Topazine, womit Topazine am häufigsten gefunden werden würden. Aber: Die erste Aussage ist, dass Topazine *nicht* am häufigsten gefunden werden. Somit ist hier keine Lösung möglich.

Bearbeitungstipps

Die in den Texten präsentierten Objekte (Edelsteine; Personen, die essen gehen usw.) sind in eine bestimmte Reihenfolge zu bringen. Dabei handelt es sich um eine Rangfolge nach den Kriterien wie zum Beispiel Größe, Wert, Leistung, die die Beziehungen der Objekte untereinander auf den ersten Blick deutlich werden lässt. Nicht immer ist dabei eine eindeutige Beziehung zwischen einzelnen Objekten notwendig, gegeben bzw. möglich, um zur Lösung zu gelangen. Es gibt also auch den Fall, dass aufgrund der gegebenen Informationen keine Aussage möglich ist.

Eine wesentliche Hilfe, die Objektverhältnisbestimmung vorzunehmen, liegt in der verkürzten Darstellung, wie in der Lösung der 1. Aufgabe angegeben.

Absurde Schlussfolgerungen

Bei diesem Aufgabentyp müssen Sie überprüfen, ob Schlussfolgerungen, die aufgrund bestimmter Behauptungen getroffen werden, formal richtig oder falsch sind. Die »reale Wirklichkeit« spielt dabei überhaupt keine Rolle, was die Sache erheblich erschwert und – wie so oft in Tests – Verwirrung stiftet.

1. Aufgabe

Nur schlechte Menschen betrügen oder stehlen. Elfriede ist gut. Welche Aussage ist richtig?

a) Elfriede betrügt.
b) Elfriede stiehlt.
c) Elfriede stiehlt nicht.
d) Elfriede betrügt und stiehlt.
e) Elfriede betrügt nicht.
f) Elfriede ist ein guter Mensch.
g) Elfriede ist gut.

2. Aufgabe

Bälle können alles beißen. Alle Hunde sind Bälle, und alle Katzen sind rund, weil sie Bälle gerne essen.

1. Behauptung:
Alle Hunde können beißen.
a) stimmt
b) stimmt nicht

2. Behauptung:
Alle Bälle sind rund.
a) stimmt
b) stimmt nicht

3. Behauptung:
Bälle können Katzen beißen.
a) stimmt
b) stimmt nicht

Lösungen

1. Aufgabe

LÖSUNG: g

ERKLÄRUNG: a) bis f) sind falsch, da keine Aussage darüber getroffen wurde, ob Elfriede ein Mensch ist. Elfriede könnte folglich auch ein Hund sein. Aus der Aufgabe ist keine Schlussfolgerung möglich, ob Elfriede betrügt oder stiehlt (oder beides). Daher sind die Lösungsvorschläge a) bis f) nicht zutreffend. g): Dass Elfriede gut ist, steht bereits in der Aufgabenstellung. Daher ist diese Lösung als einzige richtig.

2. Aufgabe

1. Behauptung

LÖSUNG: a

ERKLÄRUNG: Wenn alle Hunde Bälle sind und Bälle alles beißen können, dann müssen Hunde auch beißen können.

2. Behauptung

LÖSUNG: b

ERKLÄRUNG: In der Aufgabenstellung wurde nie behauptet, dass Bälle rund sind. Die Realität ist ausgeschaltet, sodass Bälle auch eckig sein könnten.

3. Behauptung

LÖSUNG: a

ERKLÄRUNG: In der Aufgabenstellung wurde behauptet, dass Bälle *alles* beißen können. Folglich können Bälle auch Katzen beißen.

3. Aufgabe

Manche Menschen sind Europäer. Europäer haben drei Beine. Welche Behauptung ist richtig, welche falsch?

a) Manche Menschen haben drei Beine.
b) Europäer, die Menschen sind, haben drei Beine.
c) Menschen mit zwei Beinen sind keine Europäer.
d) Europäer sind Menschen mit drei Beinen.
e) Europäer mit zwei Beinen sind manchmal Menschen.

4. Aufgabe

Alle Bleistifte können lesen. Bücher können schreiben.

Behauptung:

Bleistifte können Bücher schreiben.

a) stimmt
b) stimmt nicht

3. Aufgabe

Behauptung a)

AUSSAGENÜBERPRÜFUNG: Manche Menschen sind Europäer und die haben drei Beine, also haben manche Menschen auch drei Beine. Die Aussage a) ist demnach korrekt.

Behauptung b)

AUSSAGENÜBERPRÜFUNG: Es gilt die gleiche Erklärung wie bei Behauptung a). Aussage b) ist korrekt.

Behauptung c)

AUSSAGENÜBERPRÜFUNG: *Alle* Europäer (die übrigens keine Menschen sein müssen!) haben drei Beine und nur *manche* Menschen sind Europäer. Daher gibt es auch Menschen mit zwei Beinen, die folglich keine Europäer sein können. Aussage c) ist korrekt.

Behauptung d)

AUSSAGENÜBERPRÜFUNG: Es wurde keine Aussage darüber getroffen, dass alle Europäer Menschen sind. Demnach kann es auch Europäer geben, die keine Menschen sind. Daher ist die Aussage falsch.

Behauptung e)

AUSSAGENÜBERPRÜFUNG: Laut Aufgabenstellung gibt es keine Europäer mit zwei Beinen. *Alle* Europäer haben drei Beine. Daher ist die Aussage falsch.

4. Aufgabe

LÖSUNG: b

ERKLÄRUNG: Bleistifte und Bücher stehen in keiner Beziehung zueinander. Bleistifte können ferner nur lesen. Über das Schreiben wurde keine Aussage getroffen.

5. Aufgabe

Bücher können schreiben, aber nicht lesen. Bleistifte können lesen, aber nicht schreiben. Brillen können lesen und schreiben.

1. Behauptung:

Brillen sind intelligenter als Bücher und Bleistifte.

a) stimmt

b) stimmt nicht

2. Behauptung:

Bleistifte können von Brillen nicht zum Schreiben benutzt werden.

a) stimmt

b) stimmt nicht

Bearbeitungstipps

In der Tat werden solche Aufgaben häufig als Teufelswerk verstanden. Wird man damit in einer Bewerbungssituation erstmalig und unvorbereitet konfrontiert, verliert man leicht den Boden unter den Füßen. Anhand der folgenden zwei Übungsbeispiele wollen wir Ihnen erklären, wie man solche Aufgaben löst.

Behauptung:	Alle Häuser sind Fische. Alle Fische sind Katzen.
1. Schlussfolgerung:	Deshalb sind alle Häuser Katzen.

a) stimmt

b) stimmt nicht

2. Schlussfolgerung:	Deshalb sind alle Katzen Häuser.

a) stimmt

b) stimmt nicht

5. Aufgabe

1. Behauptung

LÖSUNG: b

ERKLÄRUNG: Es wurden zwar Aussagen über lesen und schreiben getroffen, nicht aber über Intelligenz. Die Schlussfolgerung ist daher unzulässig

2. Behauptung

LÖSUNG: a

ERKLÄRUNG: Bleistifte können *generell* lesen, aber nicht schreiben. Da sie *generell* nicht schreiben können, ist es egal, ob sie überhaupt von jemanden dazu benutzt werden können.

Die erste Schlussfolgerung scheint einigermaßen nachvollziehbar (Lösung: 1a). Bei der zweiten Schlussfolgerung, die ja eigentlich wie die erste konstruiert wurde, gibt es folgende Abweichung: Plötzlich wird ein Umkehrschluss gezogen. Also: Weil alle Häuser Fische und alle Fische Katzen sind, sollen jetzt auch gleich alle Katzen Häuser sein. Das ist aber nicht so ohne weiteres logisch. Eine eindeutige Aussage, was Katzen alles sind bzw. sein könnten, liegt nämlich nicht vor (Katzen könnten zum Beispiel auch Menschen sein). Anders bei allen Häusern und bei allen Fischen! Da gibt es eine klare Definition: Häuser sind … Fische sind … Es könnte also durchaus Katzen geben, die zum Beispiel XY sind und und und …
Mit ein wenig Übung und logischem Denken wird es Ihnen gelingen, auch die kniffeligsten Aufgaben zu lösen.

Komplexe Schlussfolgerungen

Einige Formen von grafischen und verbalen Schlussfolgerungen haben Sie schon kennen gelernt. Ein weiteres Element sind die komplexen Schlussfolgerungen.

Eine Schlussfolgerung ist zu definieren als eine Annahme, die aus bestimmten Informationen oder Beobachtungen abgeleitet werden kann. So kann man zum Beispiel aus der Information »Licht hinter einem Fenster« folgern, dass jemand zu Hause ist. Dies muss aber nicht stimmen, da möglicherweise beim Verlassen des Hauses nur vergessen wurde, das Licht zu löschen.

In dem folgenden Test finden Sie Aufgaben mit einem kurzen Einleitungstext, der Informationen enthält. Nehmen Sie diese als Tatsache an. Dann werden Ihnen zu diesem Text mehrere mögliche Schlussfolgerungen präsentiert. Prüfen Sie für jede einzelne Schlussfolgerung den Grad ihrer Berechtigung.

Dabei ergeben sich folgende Möglichkeiten:

◇ W = wahr
  Die Schlussfolgerung ergibt sich ohne jeden Zweifel aus den präsentierten Tatsachen.
◇ WW = wahrscheinlich wahr
  Die Schlussfolgerung ist wahrscheinlich wahr.
◇ NZB = nicht zu beurteilen
  Der Text enthält nicht genügend Informationen, um zu beurteilen, ob die Schlussfolgerung wahr oder falsch ist.
◇ WF = wahrscheinlich falsch
  Die Schlussfolgerung muss aufgrund der angeführten Informationen als wahrscheinlich falsch beurteilt werden.
◇ F = falsch
  Die Schlussfolgerung ist mit Sicherheit als falsch zu beurteilen.

1. Aufgabe

Die Anzahl der Studenten nimmt in Deutschland ständig zu. Immer mehr Studierende müssen zur Finanzierung ihres Studiums nebenbei arbeiten. Nach einer repräsentativen Umfrage sind 56 Prozent der Studenten über die Semesterferien hinaus berufstätig. Der Frankfurter Soziologe Albinoni zieht daraus den Schluss: »Je mehr Probleme die Finanzierung des Studiums macht, umso stärker wird die Universität als Belastung empfunden.«

Lösungen

Bearbeitungstipp
Wichtig ist bei solchen Aufgabentypen, dass nicht alle Lösungskategorien (von W bis F) in jeder Aufgabe vorkommen müssen.

1. Aufgabe

a) WF

ERKLÄRUNG: Dem Text ist lediglich zu entnehmen, dass 56 Prozent der »Studenten in Deutschland« nebenher arbeiten. Da es an deutschen Unis nicht nur Studenten mit deutscher Staatsangehörigkeit gibt, ist anzunehmen, dass der Wert sich unterscheidet.

b) WW

ERKLÄRUNG: Diese Schlussfolgerung kann man als nur wahrscheinlich wahr beurteilen, denn sie steht zwar im Einklang mit der Aussage des Soziologen, ist aber natür-

Sind die folgenden Schlussfolgerungen entsprechend den obigen Definitionen wahr (W), wahrscheinlich wahr (WW), nicht zu beurteilen (NBZ), wahrscheinlich falsch (WF) oder falsch (F)?

a) 56 Prozent der deutschen Studenten gehen auch während der Vorlesungszeit einem Job nach.
b) Für viele Studenten stellt sich das Studium als eine Belastung dar.
c) Für viele Studenten ist der Gelderwerb für den Lebensunterhalt auch während der Vorlesungszeit genauso wichtig wie das Lernen für das Studium.
d) Die Zahl der berufstätigen Studenten in Deutschland nimmt in Relation genauso zu wie die Zahl der Studenten.
e) Über 80 Prozent der Studenten arbeiten während der Semesterferien.

2. Aufgabe

Nach Gewerkschaftsangaben werden Büroangestellte fast ebenso schnell krank wie Arbeiter in der Fabrik. Während Fließbandarbeiter im Schnitt mit 53,5 Jahren wegen Krankheit frühberentet werden, scheiden männliche Angestellte mit durchschnittlich 54,3 Jahren wegen Arbeitsunfähigkeit aus ihrem Beruf aus. So erreicht nur ein Drittel aller Berufstätigen das Rentenalter arbeitend.

a) Die Krankheitsursachen bei Büroangestellten liegen in den zwischenmenschlichen Beziehungen mit Vorgesetzten und Kollegen.
b) Arbeit im Büro ist fast genauso anstrengend wie Arbeit in einer Fabrik.
c) Büroangestellte arbeiten durchschnittlich genau ein Jahr länger als die Fließbandarbeiter.
d) Die Gewerkschaft fordert daraufhin wenigstens eine bessere psychologische Betreuung für Büroangestellte.
e) Die statistischen Daten der Gewerkschaft bezogen auf weibliche Angestellte unterscheiden sich von den Angaben, die männliche Arbeiter betreffen.

lich keine absolute, »letzte« Wahrheit. Was wirklich als wichtiger empfunden wird, steht nicht im Text.

c) WF

ERKLÄRUNG: Der obige Text enthält keine eindeutigen Informationen für eine derart krasse Beurteilung, sie ist aber auch nicht mit absoluter Sicherheit als »falsch« auszuschließen, es gibt jedoch Hinweise in dieser Richtung.

d) F

ERKLÄRUNG: Diese Verknüpfung – steigende Studentenzahl/steigende Zahl der berufstätigen Studenten – ist willkürlich, dafür gibt es keine Informationen).

e) NZB

ERKLÄRUNG: Aus dem Text nicht zu beurteilen, wenn auch vorstellbar.

2. Aufgabe

a) NZB

Diese Aussage lässt sich nicht beurteilen. Über das Verhältnis von Vorgesetzten und Kollegen wird im Text keine Aussage getroffen. Daher kann diese Aussage sowohl richtig als auch falsch sein. Für uns ist sie daher nicht zu beurteilen.

b) WW

Es wird nur eine Aussage getroffen, dass Büroangestellte und Arbeiter fast gleich schnell krank werden. Daraus kann man nur folgern, dass die Arbeit ähnlich belastend ist – was die Statistiken in der Aufgabenstellung auch bestätigen. Deshalb ist diese Aussage wahrscheinlich wahr.

c) F

Es wird im Text eine Aussage getroffen, dass Fließbandarbeiter durchschnittlich ein Jahr früher in Frührente gehen als ihre Kollegen im Büro. Das heißt aber nicht, dass diese fast genau ein Jahr länger arbeiten, da es hier nur um die Frührente, nicht aber um die Gesamtlebensarbeitszeit geht. Deshalb ist diese Aussage falsch.

d) NZB

Diese Aussage kann zutreffen, lässt sich dem Text aber nicht entnehmen oder daraus folgern.

e) NZB

Diese Aussage kann zutreffen, lässt sich dem Text aber nicht entnehmen oder daraus folgern.

Nochmals Schlussfolgerungen/Syllogismen

Diesen Aufgabentypus kennen Sie schon aus Schlussfolgerungen, absurden Schlussfolgerungen und auch in gewisser Weise aus der vorhergehenden Aufgabe (komplexe Schlussfolgerungen). Hier noch einmal derartige Aufgaben, allerdings in einer anderen Präsentationsform.
Auf jede der folgenden zwei Aussagen (Prämissen) folgen mehrere Schlussfolgerungen. Nehmen Sie die beiden Prämissen als wahre Aussagen an und entscheiden Sie für die Schlussfolgerungen, ob sie *zwingend* aus ihnen folgen oder nicht. Lassen Sie sich dabei nicht durch ihre Meinung beeinflussen, sondern richten Sie Ihr Urteil nur nach den vorgegebenen beiden Aussagen. Stets ergeben sich folgende Möglichkeiten:
A: folgt
B: folgt nicht

1. Aufgabe
Manche Feiertage sind verregnet. Alle verregneten Feiertage sind langweilig, also ...
a) ... ist kein sonniger Tag langweilig.
b) ... sind einige Feiertage langweilig.
c) ... sind einige Feiertage nicht langweilig.

2. Aufgabe
Alle ernst zu nehmenden Krankheitssymptome beeinträchtigen die Lebensqualität. Einige ernst zu nehmende Krankheitssymptome sind lebensgefährlich.
a) Einige ernst zu nehmende, lebensgefährliche Krankheitssymptome beeinträchtigen die Lebensqualität nicht.
b) Alle ernst zu nehmenden Krankheitssymptome, die die Lebensqualität beeinträchtigen, sind lebensgefährlich.
c) Alle ernst zu nehmenden Krankheitssymptome, die lebensgefährlich sind, beeinträchtigen die Lebensqualität.

Lösungen

1. Aufgabe

a) B: Dies folgt nicht, da keine Aussage darüber erfolgt, ob sonnige Tage langweilig sind oder nicht.

b) A: Dies folgt, denn manche Feiertage sind verregnet und verregnete Tage sind langweilig. Demnach gibt es einige Feiertage, die langweilig sind.

c) B: Dies folgt nicht, weil es keine Aussage gibt, dass Feiertage auch nicht langweilig sein können.

2. Aufgabe

a) *Alle* ernst zu nehmenden Krankheitssymptome beeinträchtigen die Lebensqualität, somit gibt es keine ernst zu nehmenden, die dies nicht tun. Dabei ist es unerheblich, ob diese ernst zu nehmenden auch lebensgefährlich sind. Also ist Lösung (b) korrekt.

b) Es gibt auch ernst zu nehmende Krankheitssymptome, die nicht lebensgefährlich sind. (b) ist die korrekte Antwort.

c) Wieder gilt, dass *alle* ernst zu nehmenden Krankheitssymptome die Lebensqualität beeinträchtigen. Somit auch die lebensgefährlichen. Also muss Antwort (a) die richtige sein.

3. Aufgabe

Einige Politiker sind korrupt. Alle Politiker sind ehrgeizig.

a) Es gibt Politiker, die ehrgeizig und korrupt sind.
b) Politiker, die ehrgeizig sind, sind korrupt.
c) Korrupte Politiker können ehrgeizig sein.

4. Aufgabe

Alle Bankräuber, die die Bank X im Jahre 2004 überfielen, trugen eine getönte Brille. Bankräuber, die keine getönte Brille tragen, lassen sich leicht von Zeugen wiedererkennen.

a) 2004 haben alle Bankräuber in der Stadt X eine getönte Brille getragen.
b) Die Bank X wurde von Bankräubern überfallen, die getönte Brillen trugen.
c) Bankräuber tragen eine getönte Brille, um nicht wiedererkannt werden zu können.

5. Aufgabe

Manche Leute vertragen sich wie Hund und Katze. Einige Personen halten Haustiere.

a) Es gibt Haustierbesitzer, die sich wie Hund und Katze vertragen.
b) Manche Leute vertragen Haustiere nicht.
c) Leute, die sich wie Hund und Katze vertragen, halten keine Haustiere.

3. Aufgabe

a) Einige Politiker sind korrupt, aber alle sind ehrgeizig. Dadurch gibt es auch welche, die ehrgeizig und korrupt sind. Somit ist A korrekt.

b) Der Rückschluss, dass, wer ehrgeizig ist, auch korrupt ist, ist nicht zulässig, da nur einige Politiker korrupt sind. Somit muss es auch Politiker geben, die nur ehrgeizig sind. Folglich ergibt sich Lösung B.

c) Wie oben gilt: Einige Politiker sind korrupt, aber alle sind ehrgeizig. Dadurch gibt es auch welche, die ehrgeizig und korrupt sind. Lösung A ist korrekt.

4. Aufgabe

a) Es handelt sich in der Aussage um die Bank X, so dass die Feststellung zur Stadt X nicht geschlussfolgert werden kann. Damit ist B die richtige Lösung.

b) Dieser Text steht genau so in der Ausgangsaussage, sodass sich Lösung A ergibt.

c) Dies kann nicht gefolgert werden, sodass man B ankreuzen muss. Die Ausgangsaussage besagt, dass Bankräuber, die keine Sonnenbrille tragen, leicht wiederzuerkennen sind. Nun könnte es aber sein, dass Bankräuber mit Brille noch leichter zu erkennen sind. Also ist der hier gemachte Rückschluss nicht zulässig.

5. Aufgabe

a) Einige Personen halten sich Haustiere, sind somit Haustierbesitzer. Auch diese können sich mit anderen Leuten wie Hund und Katze vertragen. Somit ist A die korrekte Antwort.

b) Es wird keine Aussage getroffen, ob sich Leute mit Haustieren vertragen oder nicht. Somit kann dazu auch keine Angabe gemacht werden und Lösung B ist richtig.

c) Manche Leute vertragen sich wie Hund und Katze und einige (die können auch zu manchen gehören!) halten sich Haustiere. Es wird aber keine Aussage getroffen, ob Leute, die sich wie Hund und Katze vertragen, tatsächlich keine Haustiere halten. Somit muss auch wieder B angegeben werden.

Was sind Syllogismen?

Der Duden gibt folgende Definition: Syllogismen sind der aus drei Urteilen bestehende Schluss vom Allgemeinen auf das Besondere. Wie es in der Praxis aussieht, haben Sie eben erfahren …

Flussdiagramme

In einem Flussdiagramm (oder »Ablaufdiagramm«) werden eine Reihe von Problemstellungen und möglichen Lösungswegen schematisch dargestellt. Zur Problemlösung gelangen Sie, indem Sie den Pfeilen des Flussdiagramms Schritt für Schritt folgen und das Schema begreifen. Die »Bausteine« (Felder) des Flussdiagramms können sein: Handlungsschritte, Fragen, Antworten.
Ihre Aufgabe ist es, für die nummerierten ovalen »Bausteine« (Felder) aus einer vorgegebenen Lösungsmenge a–e jeweils den richtigen Text auszuwählen, sodass das gesamte Flussdiagramm einen stimmigen Problemlösungsablauf aufzeigt.
Sie finden also zu den lediglich mit einer Ziffer versehenen ovalen »Bausteinen« (Feldern) jeweils fünf aus Texten bestehende Lösungsvorschläge (a, b, c, d, e), von denen nur einer richtig ist. Diesen gilt es für jeden nummerierten »Baustein« (1–3) logisch richtig herauszufinden. Nochmals: Nur jeweils eine Lösung (für einen »Baustein«) ist richtig.

1. Aufgabe: Badewanne

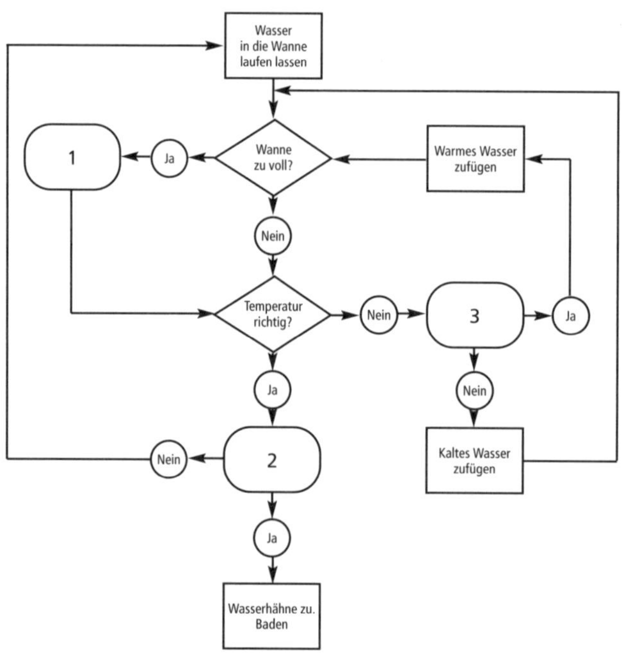

Lösungen

1. Aufgabe

Lösungen und Begründungen finden Sie auf der folgenden Lösungs-Seite.

Mit der Vorbereitung eines Bades kennen Sie sich aus. Sie müssen warmes und kaltes Wasser in die Wanne laufen lassen, die Temperatur überprüfen, ggf. Wasser ab- oder weiteres warmes oder kaltes Wasser zulaufen lassen, um dann endlich baden zu können.
Im obigen Flussdiagramm ist das Problem schematisch dargestellt. Zunächst wird Wasser in die Wanne gelassen, dann muss man entscheiden, ob die Wanne zu voll ist, die Temperatur überprüfen usw.
Welcher Text gehört in die Bausteine 1, 2, 3, damit das Flussdiagramm logisch richtig vervollständigt ist?

1. Welcher Text gehört in den ovalen Baustein 1?
a) Warmes Wasser zufügen
b) Kaltes Wasser zufügen
c) Wanne zu voll?
d) Etwas Wasser ablaufen lassen
e) Zusätzliches Wasser zufügen

2. Welcher Text gehört in den ovalen Baustein 2?
a) Wanne zu voll?
b) Wanne voll genug?
c) Wanne zu leer?
d) Temperatur ist zu kalt.
e) Temperatur ist richtig.

3. Welcher Text gehört in den ovalen Baustein 3?
a) Temperatur zu kalt?
b) Temperatur zu warm?
c) Wanne zu voll?
d) Wanne ist voll.
e) Wasser ablaufen lassen.

2. Aufgabe: Einbruch
Ein Einbrecher will in der Villa von Professor Witzig den Safe knacken. Der Professor hat einen Butler, Herr Riese, der im Nebenhaus wohnt.

1.

LÖSUNG: d

BEGRÜNDUNG: Lösung c kann es nicht sein, denn in diesem Feld kann keine Frage kommen. Die Lösungen a, b und e scheiden auch aus, da die ja eben als zu voll erkannte Wanne überlaufen würde.

2.

LÖSUNG: b

BEGRÜNDUNG: Die Lösungen d und e scheiden aus, weil das Feld eine Frage beinhalten muss (schließlich folgt ein JA oder NEIN). Lösung a scheidet aus, denn die Wanne kann nicht zu voll sein, das wird bereits am Anfang überprüft (Wanne zu voll?). Auch c kann nicht die richtige Lösung sein, da »Wanne zu leer« im Falle der Antwort »Ja« ▶ »Wasserhähne zu. Baden« nicht zusammenpassen.

3.

LÖSUNG: a

BEGRÜNDUNG: Lösungen d und e entfallen, weil sie keine Fragen sind. Lösung c scheidet aus, denn die Wanne ist bereits überprüft. Lösung b ist ebenfalls falsch, weil man bei zu warmem Wasser kein zusätzliches warmes Wasser hinzufügen würde.

2. Aufgabe

1.

LÖSUNG: a

BEGRÜNDUNG: Der Schlüssel zur Lösung ist die Aussage »Herr Riese ruft die Polizei«. Wenn der Einbrecher leise genug gewesen wäre (Lösung B), hätte niemand im Haus etwas von ihm mitbekommen und es hätte keinen Anlass gegeben, die Polizei zu rufen. Daher scheidet diese Lösung aus. Die Frage, ob er den Safe gefunden hat, passt zwar zur Aussage, dass der Safe gesucht wird, nicht aber zum Rufen der Poli-

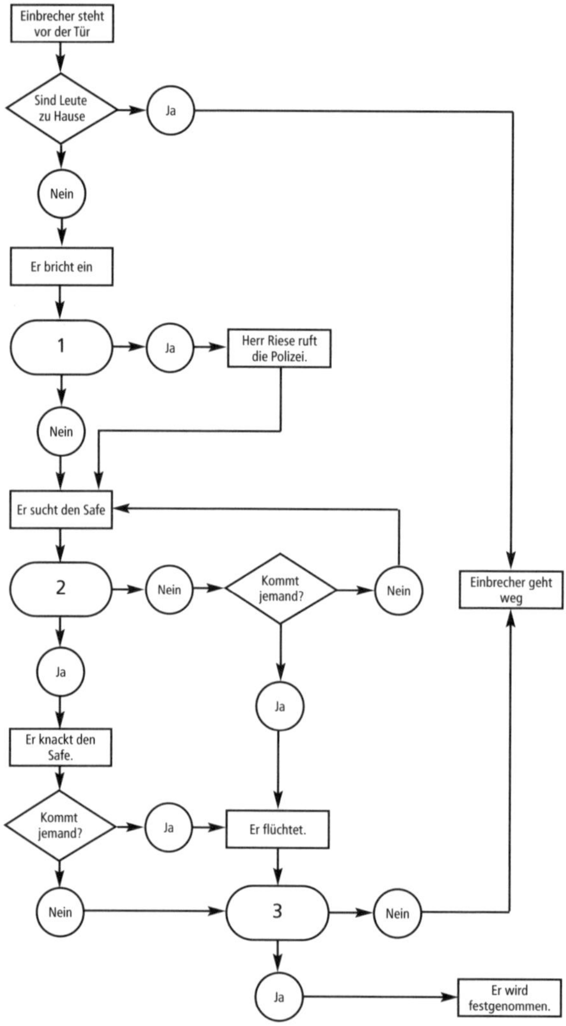

1. Welcher Text gehört in den ovalen Baustein 1?
a) Hat der Butler ihn gehört?
b) Ist er leise genug gewesen?
c) Hat er den Weg zum Safe gefunden?
d) Hat er seine Tat bereut?
e) Hat er sein Einbrecherwerkzeug mit?

2. Welcher Text gehört in den ovalen Baustein 2?
a) Hat er Schnupfen?

zei. Die Vermutung, dass der Einbrecher seine Tat bereut und sich nun Herrn Riese stellt und dieser die Polizei ruft, ist zu weit hergeholt. Es ist nicht erlaubt, zwei Schritte weiter zu denken, also a) er bereut die Tat und b) er redet mit Herrn Riese darüber, der dann anschließend c) die Polizei ruft. Ob der Einbrecher sein Werkzeug mit hat, ist für das Rufen der Polizei völlig unerheblich. Es bleibt also Lösung A: Wenn der Butler den Einbrecher gehört hat, ruft er die Polizei, wenn nicht, kann der Einbrecher den Safe suchen.

2.
LÖSUNG: b
BEGRÜNDUNG: Ob der Einbrecher Schnupfen hat, ist für die Tat völlig unerheblich. Lösung A scheidet also schon mal aus. Wenn der Safe laut Lösung B nicht da wäre, wie kann dann bei »Ja« der Safe geknackt werden? Lösung B muss also auch falsch sein. Nach Lösung C hat der Einbrecher zu viel Lärm gemacht. Trotzdem knackt er bei »Ja« danach den Safe und flüchtet bei »Nein«. Da diese Konstellation auch nicht passt, scheidet sie aus. Nach Lösung D wird gefragt, ob er den Safe gefunden hat. Bei »Ja« wird dieser anschließend geknackt, bei »Nein« gefragt, ob jemand kommt. Geht man dieser Frage nach, wird weiter nach dem Safe gesucht bzw. die Flucht ergriffen. Beide Möglichkeiten passen. Lösung D muss also korrekt sein.
Gegenprobe, ob nicht auch Lösung E korrekt sein könnte: Wenn er flüchten will, warum knackt er dann den Safe bzw. wenn er nicht flüchten will, warum tut er es dann? Lösung E muss also auch falsch sein.

3.
LÖSUNG: b
BEGRÜNDUNG: Ein Zusammenhang, ob er alles eingesteckt hat und dann festgenommen wird, ist nicht erkennbar, so dass Lösung A ausscheidet. Fraglich ist, ob Lösung B passen könnte, d. h. die Polizei vor dem Haus steht. Es gibt keine Hinweise, warum die Polizei vor dem Haus steht und das muss hier auch so hingenommen werden. Interpretationen sind nicht zulässig. Der Safe wurde erfolgreich geknackt und es wird die Frage gestellt, ob niemand kommt. Dann wird gefragt, ob die Polizei vor dem Haus steht. Ja, und er wird festgenommen, nein, und der Einbrecher geht weg. Beide Lösungen passen. Auch vom Kasten mit »Der Einbrecher flüchtet« geht diesmal ein Pfeil auf das Feld Nummer 3. Auch hier käme dann die Frage, ob die Polizei vor Ort ist. Wieder passen beide Lösungen. Lösung B ist also korrekt.
Gegenprobe, ob die anderen Lösungen nicht auch korrekt sein könnten:
Wenn er seine Tat bereuen würde, warum würde er dann festgenommen werden? Dazwischen fehlt wieder ein Schritt, nämlich dass die Polizei alarmiert wird bzw. er sich stellt.

b) Der Safe ist nicht da.
c) Hat er zu viel Lärm gemacht?
d) Hat er den Safe gefunden?
e) Er will flüchten.

3. Welcher Text gehört in den ovalen Baustein 3?
a) Hat er alles eingesteckt?
b) Steht die Polizei vor dem Haus?
c) Hat er seine Tat bereut?
d) Der Einbrecher ist erfolgreich gewesen.
e) Der Butler hat die Polizei gerufen.

3. Aufgabe: Bahnticket

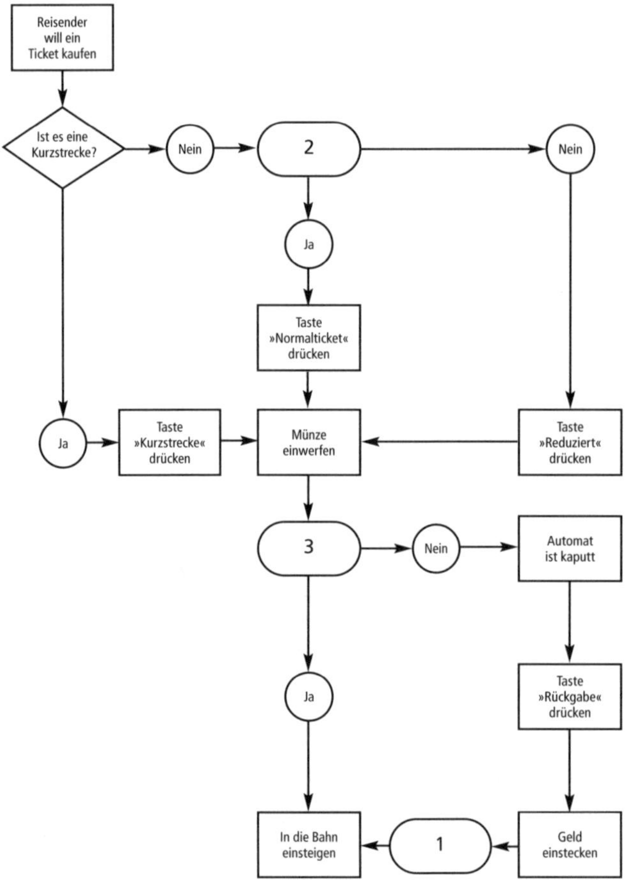

Wenn der Einbrecher erfolgreich gewesen ist, warum wird er dann nach »Ja« festgenommen? Auch hier fehlt wieder mindestens ein Zwischenschritt.
Passen könnte auch Lösung E, d. h., der Butler hat die Polizei gerufen. Wenn man dem Pfeil von oben kommend folgt (»Er flüchtet«), so würde die Aussage »Der Butler hat die Polizei gerufen« passen. Aber: Es fehlt der Schritt, ob die Polizei ihn erfolgreich festnehmen kann. Nur dass die Polizei gerufen wurde heißt noch nicht, dass diese auch vor dem Haus steht und den Einbrecher ergreifen kann. Vielleicht ist die Polizei noch auf der Anfahrt oder alle Beamten sind im Einsatz. Daher passt Lösung B am besten, denn dort steht die Polizei bereits vor dem Haus.

3. Aufgabe

1.

LÖSUNG: a

BEGRÜNDUNG: Sie sollten diese Aufgabe noch nicht bearbeiten. Das Problem, das sich hier stellt, ist, dass der entsprechende ovale Baustein im Flussdiagramm ganz unten steht, Sie sich also erst in alle anderen Aufgaben hineindenken müssen, um die Lösung sinnvoll herleiten zu können. Beginnen Sie daher mit Frage 2.

2.

LÖSUNG: c

BEGRÜNDUNG: Wenn Lösung A richtig wäre, wäre die Strecke eine Kurzstrecke. Dies würde dann aber bedeuten, man müsste ein Kurzstreckenticket kaufen und kein Normalticket. Somit muss Antwort A schon mal ausscheiden.
Wäre Lösung B richtig, so würde die Möglichkeit nach »Ja« passen: Der Reisende würde ein Normalticket kaufen. Überprüft man nun Möglichkeit »Nein«, so wird daraus gefolgert, dass der Reisende ein reduziertes Ticket kaufen muss. Dies passt aber nicht, da man, wenn es keine Langstrecke ist, auch ein Kurzstreckenticket ziehen kann. Eine Aussage, ob man älter/jünger als 14 Jahre ist, hat damit nichts zu tun. Ist der Reisende älter als 14 Jahre, so muss er ein Normalticket kaufen. Ist er jünger, so kann er die Taste »Reduziert« benutzen. Diese Lösung passt in beiden Fällen und ist richtig.
Überprüfung, ob die anderen beiden Lösungen nicht auch oder besser passen: Geld suchen und nach Hause gehen sind beides Aussagen, auf die man nicht vernünftig mit Ja oder Nein antworten kann. Beide Möglichkeiten ergeben keinen Sinn in dem dargestellten Flussdiagramm.

3.

Ein Fahrkartenautomat stellt folgende Tickets aus:

– Normalticket	3,20 EUR
– Kurzstrecke	0,80 EUR
– Reduziert (bis 14 Jahre)	1,80 EUR

1. Aufgabe: Welcher Text gehört in den ovalen Baustein 1?
a) Ticket beim Bahnpersonal kaufen
b) Nach Hause gehen
c) Reklamieren
d) Ist es eine Kurzstrecke?
e) Geld einwerfen

2. Aufgabe: Welcher Text gehört in den ovalen Baustein 2?
a) Ist es eine Kurzstrecke?
b) Ist es eine Langstrecke?
c) Ist der Reisende älter als 14 Jahre?
d) Geld suchen
e) Nach Hause gehen

3. Aufgabe: Welcher Text gehört in den ovalen Baustein 3?
a) In die Bahn einsteigen
b) Geld in die Tasche gesteckt?
c) Ticket einstecken
d) Ticket erhalten?
e) Ist es eine Kurzstrecke?

Bearbeitungstipps
Es ist nur allzu verständlich, wenn Sie einen starken Widerstand gegen diese Art verwirrender, ungewohnter Aufgaben spüren. Gleichwohl sind Sie in einer Auswahlsituation häufig mit diesem Aufgabentypus konfrontiert und müssen bemüht sein, die Aufgabe optimal zu lösen. Haben Sie erst einmal Ihre Abneigung überwunden, werden Sie feststellen, dass solche Aufgaben im Grunde viel leichter zu lösen sind, als es auf den ersten Blick scheint. Geben Sie nicht auf und beschäftigen Sie sich mit den Aufgaben in Ruhe. Die Aufgaben werden in einer Testsituation meist nicht schwerer, sondern nur komplexer. Das größte Problem steckt in der

LÖSUNG: d

BEGRÜNDUNG: Auch hier kann man relativ schnell die Aussagen ausklammern, die keine vernünftige Lösung ergeben können: Antworten A und C. Es bleiben als Lösungsmöglichkeit nun nur noch Lösungen B, D und E.

Lösung B kann nicht richtig sein, da vor dem ovalen Baustein die Aussage »Münze einwerfen« getroffen wird. Geld einwerfen und Geld unmittelbar danach in die Tasche stecken ergibt keinen Sinn. Es fehlt mindestens ein Zwischenschritt wie etwa »Rückgeld entnehmen« o. Ä.

Nachdem eine Münze eingeworfen wurde, wird die Frage gestellt (Lösungsmöglichkeit D), ob man ein Ticket erhalten hat. »Ja«, und man kann in die Bahn einsteigen, »Nein«, der Automat ist kaputt. Beide Richtungen passen. Lösung D ist also korrekt.

Die Frage bei Lösungsmöglichkeit E, ob es eine Kurzstrecke ist, macht wieder keinen Sinn, da diese Frage bereits zuvor beantwortet wurde. Warum sollte, wenn es keine Kurzstrecke ist, der Automat kaputt sein? Diese Lösungsmöglichkeit muss also auch falsch sein.

1.

LÖSUNG: a

BEGRÜNDUNG: Nun lässt sich die Frage 1 ganz leicht beantworten. Lösung A ist korrekt, da der Fahrkartenautomat kaputt ist und nun nur noch die Möglichkeit besteht, ein Ticket beim Bahnpersonal zu kaufen. Danach kann man dann in die Bahn einsteigen.

Überwindung der psychischen Abneigung gegen derartige Aufgaben. Auch wenn wir zu diesem Aufgabentypus kein Patentrezept haben:

Übung macht den Meister!

Als genereller Hinweis ist festzustellen: Kommen zwei Pfeile, Ja oder Nein, so muss es sich bei der richtigen Lösungsmöglichkeit um eine Frage handeln, die auch mit Ja oder Nein sinnvoll beantwortet werden kann. Geht es nur zu einem anderen Kasten weiter, so muss es sich auch um eine Aussage handeln und nicht um eine Frage. Achten Sie bei der Beantwortung der Flussdiagramme darauf, so sparen Sie wertvolle Zeit!

Tabellen auswerten

Solche Tests sind Ihnen wahrscheinlich noch aus der Schule bekannt. Sie bekommen eine Tabelle präsentiert, unter der sich verschiedene Fragen befinden. Mit Hilfe der Tabelle sollen diese Fragen beantwortet werden. Beachten Sie, dass jeweils nur eine Antwort richtig ist. Normalerweise dürfen Sie bei solchen Aufgaben Nebenrechnungen auf einem Extrablatt durchführen und sich Notizen machen. Für die gewissenhafte Beantwortung der Fragen zur folgenden Tabelle haben Sie insgesamt 7 Minuten Zeit!

Aufgabe

Anzahl der Individuen von Maulwurfspopulationen									
	Ort X			Ort Y			Ort Z		
	Individuen		Nachwuchs	Individuen		Nachwuchs	Individuen		Nachwuchs
Jahr	♂	♀		♂	♀		♂	♀	
1996	103	78	102	47	23	6	342	504	432
1997	143	150	123	37	34	9	643	533	601
1998	120	170	87	67	77	43	448	400	548
1999	112	99	87	78	56	88	397	456	532
2000	167	174	199	131	158	129	664	435	653

Die Daten verstehen sich inkl. Zu- und Abwanderungen der Tiere.

1. Wie groß ist der Unterschied zwischen der niedrigsten und höchsten Individuenzahl (♂ und ♀ zusammen betrachtet)?
a) 604 b) 723 c) 641 d) 666 e) 689

2. In welchem Jahr hat es in allen drei Orten zusammen die höchste Nachkommenzahl der Maulwurfspopulationen gegeben?
a) 1996 b) 1997 c) 1998 d) 1999 e) 2000

Lösungen

1. LÖSUNG: c (641 Individuen)

ERKLÄRUNG: Der Unterschied zwischen der niedrigsten und höchsten Individuenzahl (♂ und ♀ zusammen betrachtet) beträgt 641.

- ◇ Die niedrigste Individuenzahl bei den weiblichen Tieren beträgt 23
- ◇ Die höchste Individuenzahl bei den männlichen Tieren beträgt 664
- ◇ Die Differenz zwischen den beiden Werten beträgt 641

2. LÖSUNG: e (Jahr 2000/981 Nachkommen)

ERKLÄRUNG: Die höchste Nachwuchszahl der Maulwurfspopulationen hat es in allen drei Orten zusammen im Jahr 2000 gegeben.

- ◇ 1996: 102 + 6 + 432 = 540
- ◇ 1997: 123 + 9 + 601 = 733
- ◇ 1998: 87 + 43 + 548 = 678
- ◇ 1999: 87 + 88 + 532 = 707
- ◇ 2000: 199 + 129 + 653 = 981

3. Wie hoch war die durchschnittliche Nachkommenzahl aller Individuen in Ort X?
a) 119,2 b) 119,3 c) 119,4 d) 119,5 e) 119,6

4. In welchem Jahr stieg die Nachkommenzahl der Individuen in welchem Ort um 50 Prozent?
a) Ort Y 1996/1997 b) Ort Z 1998/1999 c) Ort X 1997/1998
d) Ort X 1999/2000 e) Ort Y 1997/1998

5. Wie groß war durchschnittlich der Unterschied in der Menge der Nachkommen zwischen Ort Y und Ort Z?
a) 497,9 b) 498 c) 498,1 d) 498,2 e) 498,3

3. LÖSUNG: e (durchschnittlich 119,6 Nachkommen)

ERKLÄRUNG: Die durchschnittliche Nachkommenzahl im Ort X betrug 119,6 Individuen.

$$\frac{102 + 123 + 87 + 87 + 199}{5} = 119{,}6$$

4. LÖSUNG: a (Jahreswechsel 1996/1997)

ERKLÄRUNG: Im Jahreswechsel von 1996/1997 stieg die Nachkommenzahl im Ort Y um 50 Prozent.

- Allgemeine Formel: X + (X/2) = Y
- dabei: X = Nachkommenzahl im ersten Jahr
- Y = Nachkommenzahl im zweiten Jahr

Werte im Ort X

- 1996/1997 = 102 + (102/2) = 153 (trifft nicht zu)
- 1997/1998 = 123 : (123 + 2)= 184,5 (trifft nicht zu)
- 1998/1999 (trifft nicht zu, da laut Tabelle keine Wertänderung)
- 1999/2000 = 87 + (87/2) = 130,5 (trifft nicht zu)

Werte im Ort Y

- 1996/1997 = 6 + (6/2) = 9 (trifft zu)

5. LÖSUNG: d (durchschnittlicher Unterschied 498,2)

ERKLÄRUNG: Der durchschnittliche Unterschied zwischen der Menge der Nachkommen zwischen den Orten Y und Z beträgt 498,2.

- Summe der Nachkommen in Ort Y: 6 + 9 + 43 + 88 + 129 = 275
- Durchschnittliche Nachkommenzahl pro Jahr: 55
- Summe der Nachkommen in Ort Z: 432 + 601 + 548 + 532 + 653 = 2766
- Durchschnittliche Nachkommenzahl pro Jahr: 553,2
- Durchschnittlicher Unterschied: 553,2 – 55 = 498,2

Mathematik

Textaufgaben

Ein beliebter Bestandteil von Eignungs- und Einstellungstests sind Textaufgaben, die vielen von uns schon in der Schule das Leben schwer gemacht haben. Bei diesen Aufgaben gibt es im Grunde fünf verschiedene Grundtypen, die wir Ihnen im Folgenden vorstellen wollen. Im Anschluss daran folgen weiter Übungen.

1. Aufgaben nach dem Schema $a \cdot b = c \cdot ?$
Beispiel: Ein Essensvorrat reicht für zwölf Leute insgesamt 36 Tage aus. Wie lange würde er für acht Leute reichen?

2. Aufgaben mit zwei Unbekannten
Beispiel: Zwei Brüder sind zusammen 40 Jahre alt. Wie alt ist der jüngere Bruder, wenn der ältere sechs Jahre älter ist?

3. Kilometer-Aufgaben
Beispiel: Ein Mann macht mit seiner Frau eine Fahrradtour. Er fährt ab einer bestimmten Stelle, an der beide gleichauf sind, 25 km/h. Seine Frau fährt weiterhin konstant mit 15 km/h. Nach 1,2 km hält er an und wartet auf seine Frau. Wie lange muss er warten?

4. Mengen-Aufgaben
Beispiel: Carsten hat acht Murmeln, Inga vier und Bernd hat gar keine. Wie viel Murmeln müssen Carsten und Inga abgeben, damit alle gleich viele Murmeln haben?

5. Prozentrechnen
Beispiel: Eine Firma kauft 60 neue Computer für 736 000 Euro und erhält dabei einen Mengenrabatt von 8 Prozent. Wie viel hätte die Firma ohne Rabatt zahlen müssen?

Lösungen

1.

$12 \cdot 36 = 8 \cdot ?$

$432 = 8 \cdot ?$

$432 : 8 = 54$

Der Essensvorrat reicht insgesamt 54 Tage.

2.

GEGEBEN: Beide Brüder sind zusammen 40 Jahre alt: $x + y = 40$
Der ältere Bruder ist um 6 Jahre älter.

GRUNDFORMEL: $A = (Q - Z) : 2$

LÖSUNGSWEG: $A = (40 - 6) : 2$ (–6, da der jüngere Bruder 6 Jahre jünger ist)
$A = 34 : 2 = 17$

Der jüngere Bruder ist also 17 Jahre alt – der ältere 23.

3.

25 km ≙ 60 Min.

1 km ≙ 2.4 Min. ▸ 1,2 km ≙ 2,88 Min.

15 km ≙ 60 Min.

1 km ≙ 4 Min. ▸ 1,2 km ≙ 4,8 Min.

4,8 Min. – 2,88 Min. ≙ 1,92 Min.

Er muss 1,92 Minuten auf seine Frau warten.

4.

$8 + 4 + 0 = 12$

$12 : 3 = 4$

Carsten muss vier Murmeln an Bernd abgeben.

5.

x ≙ 100 Prozent.

736 000 ≙ (100 – 8) Prozent

$736\,000 : 92 \cdot 100 = 800\,000$

Die Firma hätte insgesamt 800 000 Euro zahlen müssen.

1.

Ein Motorroller verbraucht 6 Liter Benzin auf 100 km. Wie viel verbraucht er auf 250 km und wie viele km kann er mit einem 24 Liter fassenden Tank fahren?

2.

Ein Malergeselle renoviert ein Zimmer von 18 qm an einem Arbeitstag in 8 Stunden. Der Azubi schafft in der gleichen Zeit nur ⅓ dieser Arbeitsleistung. Der Meister arbeitet noch schneller als der Geselle und liegt damit 25% höher in der Arbeitsleistung. Wie hoch ist die Differenz der geleisteten Arbeit (renovierter Raum in qm) zwischen bestem und schlechtestem Ergebnis nach eineinhalb Arbeitstagen?

1. Aufgabe

Wie viel Liter verbraucht der Motorroller auf 250 km?

GEGEBEN: a) 6 Liter = 100 km
b) x Liter = 250 km

GESUCHT: Verbrauch auf 250 km

LÖSUNGSWEG: a) 6 : 100 = 1 km
b) 6 : 100 · 250 = 15 = Verbrauch auf 250 km

LÖSUNG: Der Motorroller verbraucht 15 Liter auf 250 km.

Wie viele km kann der Motorroller fahren, wenn er 24 Liter im Tank hat?

GEGEBEN: a) 6 Liter = 100 km

GESUCHT: Maximal mögliche Wegstrecke bei einem 24-Liter-Tank

LÖSUNGSWEG: a) 24 : 6 = 4
(Die 4 ist noch · 100 zu nehmen, da der Verbrauch immer in Liter/100 km angegeben wird)

LÖSUNG: Der Motorroller kann mit einem 24 Liter Tank 400 km weit fahren.

2. Aufgabe

GEGEBEN: a) Geselle = 18 qm = 8 Std. = 1 Arbeitstag
b) Azubi = 18 : 3 qm = 6 qm = 8 Std. = 1 Arbeitstag
c) Meister = 18 · 1,25 = 22,5 qm = 8 Std. = 1 Arbeitstag
(Hinweis: Die Leistung des Malers ist 25% größer als die des Gesellen. 25% mehr lassen sich in 1,25 ausdrücken)

GESUCHT: Die Differenz zwischen dem besten (Meister) und schlechtesten (Azubi) Arbeitsergebnis nach eineinhalb Tagen.

LÖSUNGSWEG: a) $\text{Azubi} = \frac{6\text{ qm} \cdot 12\text{ (Std.)}}{8} = 9\text{ qm}$

b) $\text{Meister} = \frac{22{,}5\text{ qm} \cdot 12\text{ (Std.)}}{8} = 33{,}75\text{ qm}$

c) 33,75 − 9 = 24,75

LÖSUNG: Die Differenz zwischen der Leistung des Meisters und der des Azubi beträgt 24,75 qm.

3.

Ein Händler kauft für 10 500 Euro Gewürzpartien. An jeder verkauften Gewürzpartie verdient er 100 Euro. Nach Verkauf seines Gesamtbestandes hat er 14 000 Euro eingenommen. Wie viele Gewürzpartien hatte er?

4.

Wie groß ist die monatliche Rate für die Bank bei einer jährlichen Zinslastbelastung von 9,5 Prozent für eine Kreditsumme von 150 000 Euro?

5.

Die Reaktionszeit eines Gefahrgutlastwagenfahrers beträgt eine Sekunde. Wie viele Meter fährt der Fahrer, wenn er mit einer Geschwindigkeit von 96 km/h fährt und plötzlich ein Stauende sieht, bevor er anfängt zu bremsen?

6.

Wie viele Kilometer fährt ein Radrennfahrer in 7 Stunden, wenn er es schafft, konstant 40 km/h zu fahren?

3. Aufgabe

GEGEBEN: a) 10 500,– € als Ausgabe, um Gewürzpartien zu kaufen
b) 100,– € als Gewinn, pro verkaufte Partie
c) 14 000,– € als Gesamteinnahme nach Komplettverkauf (inkl. Gewinn)

GESUCHT: Anzahl der Partien, die insgesamt verkauft wurden.

LÖSUNGSWEG: a) 14 000 – 10 500 = 3500 = Reinkosten aller Partien
b) 3500 : 100 = 35 = Gesamtbestand
(Hinweis: Die Reinkosten müssen durch 100 geteilt werden, da dies der Gewinn *pro Partie* ist)

LÖSUNG: Der Gesamtbestand betrug 35 Gewürzpartien.

4. Aufgabe

GEGEBEN: a) Kredit = 150 000,– €
b) Zinsen p. a. = 9,5 %

GESUCHT: Wie groß ist die monatliche Rate?

LÖSUNGSWEG: a) 150 000 · 0,095 = 14 250 = Zinsbetrag pro Jahr
b) 14 250 : 12 = 1187,50 € = Zahl pro Monat

LÖSUNG: Die monatliche Zinsrate beträgt 1187,50 €.

5. Aufgabe

GEGEBEN: Reaktionszeit von einer Sekunde
Geschwindigkeit = 96 km/h

GESUCHT: Wie viele Meter fährt Lastwagenfahrer pro Sekunde (Reaktionszeit)?

LÖSUNGSWEG: 96 km = 96 000 m in einer Stunde
96 000 : 60 = 1600 m in einer Minute
1600 : 60 = 26 ⅔ Meter pro Sekunde

LÖSUNG: Die Wegstrecke beträgt 26 ⅔ Meter, bis der Lastwagenfahrer reagiert.

6. Aufgabe

GEGEBEN: 40 km pro Stunde

GESUCHT: Wie viele km schafft er in 7 Stunden?

LÖSUNGSWEG: 40 · 7 = 280 km

LÖSUNG: Die Wegstrecke in 7 Stunden beträgt 280 km.

Kopfrechnen

Der Kopfrechentest wird von den meisten Testteilnehmern in der Regel als relativ leicht empfunden. Es können Sie bis zu 50 Aufgaben erwarten, deren Lösungszeit je nach Schwierigkeitsgrad variiert. Sollten Sie eine Aufgabe nicht lösen können, so lassen Sie diese einfach aus. Falsche Lösungen können Ihnen auch Minuspunkte einbringen.
Hier gibt es nicht viel zu »knacken«, Training hilft aber weiter. Lassen Sie sich die folgenden 15 Aufgaben von einem Helfer vorlesen. Dieser soll je nach Aufgabenschwierigkeit die Zeit zum Lösen etwas ausdehnen oder verkürzen. Da Sie die Aufgaben nur vorgelesen bekommen, sollten Sie sie auch jetzt nicht alleine üben. Vorgelesen müssen Sie sich die Aufgaben merken (trainiert auch das Gedächtnis). Veranschlagen Sie pro Aufgabe ca. 10–15 Sekunden Bearbeitungszeit. Die sonst übliche Regel »Punktrechnung vor Strichrechnung« gilt bei diesem Test *nicht*.

Aufgaben

1. $17 \cdot 17$
2. $3 \cdot 5 + 10$
3. $97 + 98$
4. $102 + 37 - 56$
5. $13 \cdot 14$
6. 6^3
7. $49 - 17 \cdot 2{,}5$
8. $13 \cdot 17$
9. 3. Wurzel aus 64
10. $8 \cdot 7 - 19$
11. $17 \cdot 13 - 47$
12. $4^3 - 7{,}8$
13. $89 + 407 - 341$
14. $2^4 - 2^3$
15. $16 \cdot 17 - 84 + 8{,}8$

Lösungen

Bearbeitungstipps

Kopfrechen ist recht leicht erlern- und trainierbar. Meist wissen Sie schon selbst vor den Tests, ob Sie noch Nachholbedarf haben oder nicht. Wenn Ihnen Kopfrechnen schwer fällt, so empfehlen wir, bewusst den Taschenrechner *nicht* zu benutzen, wenn Sie im Alltag Dinge ausrechnen müssen. Sie werden sehen, dass es zwar am Anfang etwas länger dauert, Sie aber Tag für Tag schneller und sicherer werden. Zusätzlich hier noch einige Hinweise zur Testbearbeitung:

- Die Regel »Punkt vor Strich« ist grundsätzlich *nicht* anzuwenden, es sei denn, Sie werden vor Testbeginn ausdrücklich darauf hingewiesen.
- Machen Sie sich die Aufgabenstellungen leichter:
  97 + 98 kann auch als 100 + 100 – 5 gerechnet werden. Gleiches gilt für 3 · 17
  ▸ 3 · 20 – (3 · 3) = 51
- Lernen Sie vor dem Test das große Einmaleins bis 25 · 25. Sie sparen enorme Zeit und vermeiden Fehlerquellen!
- Lernen Sie dabei zur Sicherheit auch bewusst noch mal die Quadratzahlen bis 25 · 25 und zusätzlich die Potenzen bis 10^3. Sollten nun Wurzeln in den Aufgabenstellungen gefragt werden – auch 3. Wurzel aus X –, so werden Ihnen diese Aufgaben kein Kopfzerbrechen bereiten.
- Haben Sie gängige mathematische Zahlen im Kopf! Beachten Sie dazu unbedingt auch den Anhang zur Mathematik auf Seite 158.

1. 289
2. 25
3. 195
4. 83
5. 182
6. 216
7. 80
8. 221
9. 4
10. 37
11. 174
12. 56,2
13. 155
14. 8
15. 196,8

Technik

Technisches Verständnis – Bildaufgaben

Im folgenden Test sollen Sie komplexe Systeme erklären und auf Funktionsfähigkeit und eventuell nötigen Kraftaufwand hin prüfen. Achtung: Bei diesem Test ist es möglich, dass Ihnen Punkte für Fehler abgezogen werde, also seien Sie vorsichtig beim Raten!

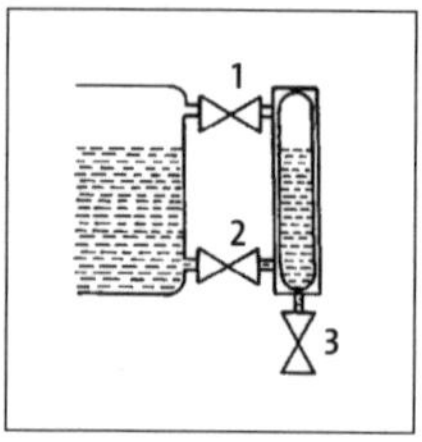

1. Wie leeren Sie die rechte Füllanzeige?
a) Ventil 1 und 2 werden geschlossen, Ventil 3 geöffnet
b) Ventil 2 wird geschlossen, Ventil 1 und 3 geöffnet
c) Alle Ventile werden geöffnet

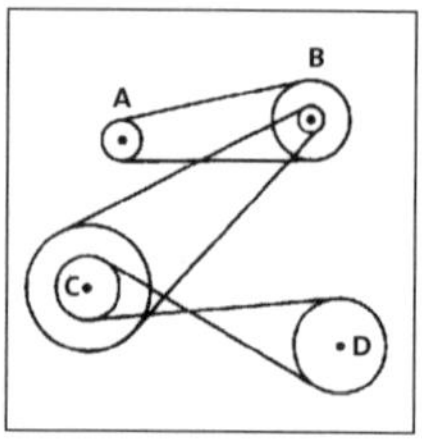

2. Welches der Räder A, B, C oder D dreht sich am langsamsten?
a)
b)
c)
d)

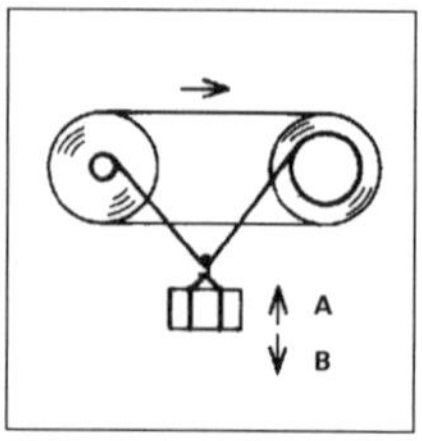

3. Bewegt sich die Kiste oder nicht – wenn ja, in welche Richtung?
a) Sie bewegt sich in Richtung A
b) Sie bewegt sich in Richtung B
c) Sie bewegt sich nicht

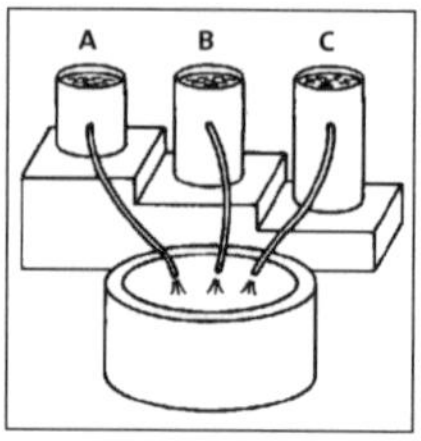

4. Drei Dosen müssen Wasser lassen. Aus welchem Schlauch welcher Dose tritt das Wasser mit dem größten Druck aus?
a) Aus Dose A
b) Aus Dose B
c) Aus Dose C
d) Der Druck ist gleich stark

Lösungen

Aufgabe 1

LÖSUNG: B

ERKLÄRUNG: Warum Ventil 3 geöffnet werden muss, ist wohl klar. Ventil 1 muss ebenfalls offen sein, um den Druckausgleich im Volumen oberhalb der Flüssigkeit in der Füllstandsanzeige zu erlauben. Wäre Ventil 2 auch geöffnet, würde wegen des Prinzips der kommunizierenden Röhren auch der große Vorratsbehälter entleert.

Aufgabe 2

LÖSUNG: D

ERKLÄRUNG: Wenn man bei Rad A beginnt, dreht sich jedes folgende Rad langsamer, da die Transmissionsriemen in dieser Richtung stets vom kleinen zum großen Radius aufgespannt sind. Bei gleicher Umfangsgeschwindigkeit bedeutet ein größerer Radius eine langsamere Drehgeschwindigkeit. Als Formel (Geschwindigkeit v, Radius r, Winkelgeschwindigkeit ω):

$v = \omega_1 \cdot r_1 = \omega_2 \cdot r_2$

Wenn r größer wird, muss ω kleiner werden.

Aufgabe 3

LÖSUNG: A

ERKLÄRUNG: Da der Transmissionsriemen an beiden Rädern auf gleichem Umfang aufgelegt ist, haben beide Räder die gleiche Winkelgeschwindigkeit. Das linke Halteseil wird gemäß der angegebenen Drehrichtung abgewickelt, das rechte aufgewickelt. Wegen des größeren Umfangs der Trommel für das rechte Halteseil überwiegt das Aufwickeln. Die Last wird Richtung A gehoben.

Aufgabe 4

LÖSUNG: D

ERKLÄRUNG: Da alle Löcher gleich weit unter der Wasseroberfläche liegen, erfahren sie auch durch das Gewicht des darüber liegenden Wassers den gleichen Druck. Genauer:

Allgemein ist Druck Kraft pro Fläche: $p = F : A$. Der Druck wird hier jeweils durch die Wassersäule oberhalb des Loches erzeugt:

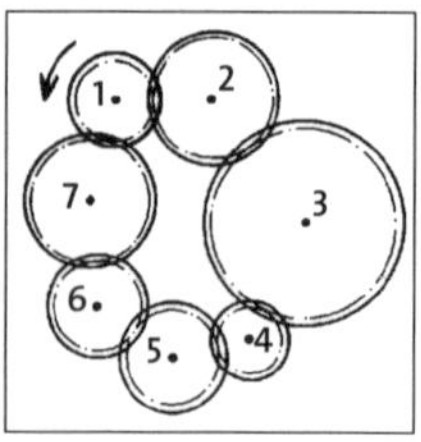

5. Welche der Zahnräder drehen sich in die gleiche Richtung wie das Zahnrad 1?
a) 6 und 4
b) 3 und 5
c) 1 und 6
d) Die Zahnräder drehen sich überhaupt nicht

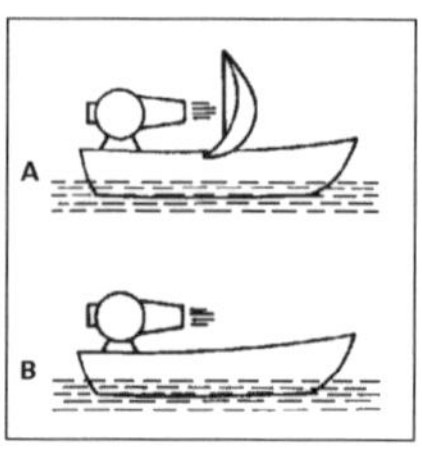

6. Welches der beiden Boote fährt vorwärts?
a) A
b) B
c) Keins fährt vorwärts

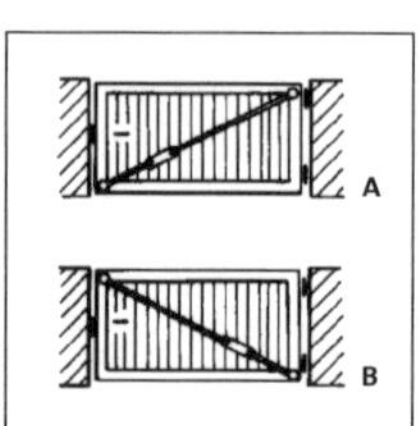

7. Welche der beiden Spannvorrichtungen von Toren ist zweckmäßiger?
a) A
b) B
c) Beide gleich

$$p = \frac{m \cdot g}{A} = \frac{V \cdot \omega \cdot g}{A} = f \cdot \omega \cdot g$$

Dabei ist m die Masse des Wassers oberhalb des Loches, die sich aus dem Volumen V und der Dichte ϱ zusammensetzt. h ist die Höhe der Wassersäule, wobei beim Zylinder gilt: $h \cdot A = V$. Genau genommen kommt jeweils noch der Luftdruck hinzu, der auf die Wasseroberfläche wirkt. Da auch dieser für alle drei Dosen identisch ist (Umgebungsluftdruck), ändert sich nichts an der Aussage.

Aufgabe 5

LÖSUNG: D

ERKLÄRUNG: Der Drehsinn wechselt zwischen je zwei Zahnrädern. Wenn sich Zahnrad 1 gegen den Uhrzeigersinn dreht, dreht sich Zahnrad 2 im Uhrzeigersinn usw. Daher drehen sich alle Zahnräder mit ungerader Nummer gegen den Uhrzeigersinn. Also müsste sich auch Zahnrad 7 gegen den Uhrzeigersinn drehen. Das ist aber wegen der Kopplung mit Zahnrad 1 nicht möglich.

Aufgabe 6

LÖSUNG: C

ERKLÄRUNG: Das Gebläse sorgt für einen Impulsübertrag zwischen umgebender Luft und dem Boot. Im Falle des Bootes B führt dies wegen der Erhaltung des Gesamtimpulses und weil die Luft nach vorne beschleunigt wird dazu, dass das Boot rückwärts beschleunigt wird. Das Boot A fährt überhaupt nicht, da die vom Gebläse beschleunigte Luft am Segel wieder abgebremst wird, wodurch sich die beiden Effekte gegenseitig aufheben.

Zusatzbemerkung: Selbst wenn das Segel für eine Umlenkung des Luftstrahls um 180° sorgte, würde dies das Boot nicht nennenswert vorwärts treiben. Das liegt daran, dass Ein- und Ausströmgeschwindigkeit hier gleich sind. Im Gegensatz dazu ist der Umkehrschub eines Strahltriebwerks wirksam, da hier die Ausströmgeschwindigkeit viel höher ist als die Einströmgeschwindigkeit. Diese auf den ersten Blick vorhandene Analogie ist also irreführend.

Aufgabe 7

LÖSUNG: A

ERKLÄRUNG: Das am rechten Rand verankerte Tor neigt dazu, durch das Eigengewicht eine Parallelogramm-Verschiebung des linken Randes nach unten zu machen. Die bei A abgespannte Diagonale würde sich dabei verlängern, was durch die Spannvorrichtung verhindert wird. Die andere Diagonale würde sich dabei verkürzen, was durch die bei B vorgeschlagene, nur auf Zug belastbare Spannvorrichtung nicht verhindert würde.

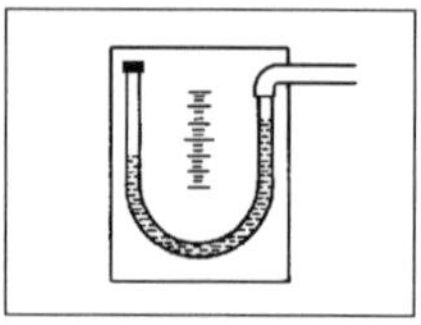

8. Was zeigt das U-Rohr für den äußeren Raum an?
a) Unterdruck
b) Überdruck
c) Ein Vakuum

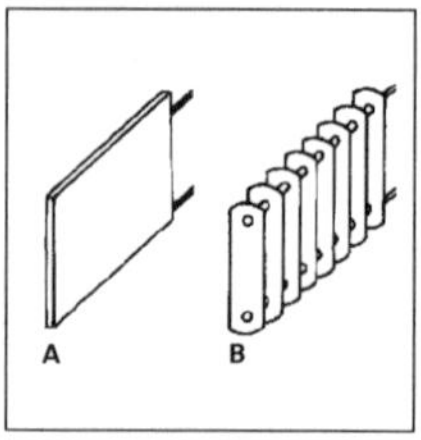

9. Von welchem der beiden Heizkörper wird mehr Wärme abgegeben?
a) Heizkörper A
b) Heizkörper B
c) Beide gleich

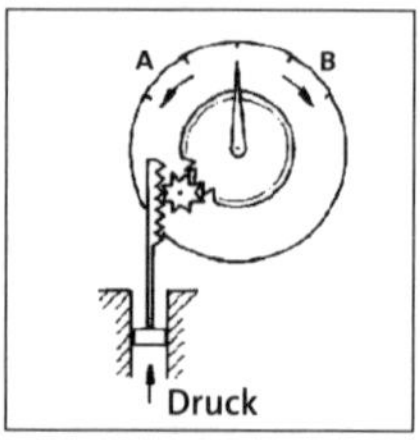

10. Wenn sich der Druck erhöht, bewegt sich der Zeiger in welche Richtung?
a) Richtung A
b) Richtung B
c) Weder noch

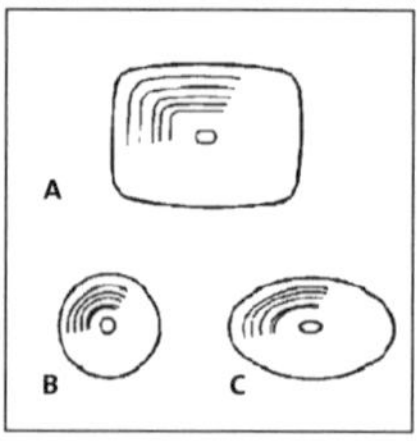

11. Sie sehen drei verschiedene Lautsprecher. Welcher eignet sich am besten zum Übertragen von tiefen Tönen?
a) Modell A
b) Modell B
c) Modell C

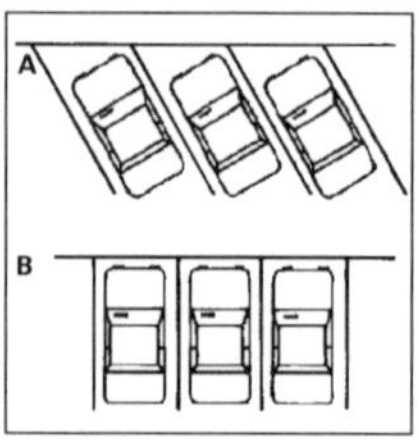

12. Welche Anordnung von Parkmöglichkeiten ist auf einer Länge von 100 Metern Platz sparender?
a) A
b) B
c) Beide gleich

Aufgabe 8

LÖSUNG: A

ERKLÄRUNG: Der Druck rechts, also im Außenraum, ist offensichtlich kleiner als der Druck im linken, geschlossenen Teil des U-Rohres. Daher herrscht außen ein Unterdruck. (Unter der Annahme, dass das U-Rohr bei Normaldruck hergestellt und gefüllt wurde.)

Aufgabe 9

LÖSUNG: B

ERKLÄRUNG: Die übertragene Wärmemenge hängt unter anderem von der Oberfläche des Körpers ab. Je größer die Körperoberfläche, desto mehr Wärmeabgabe.

Aufgabe 10

LÖSUNG: A

ERKLÄRUNG: Steigender Druck hebt den Kolben mit der Zahnstange. Das kleine Ritzel dreht sich im Uhrzeigersinn, die Scheibe mit dem montierten Zeiger daher gegen den Uhrzeigersinn.

Aufgabe 11

LÖSUNG: A

ERKLÄRUNG: Die Größe der Lautsprecherfläche ist ausschlaggebend. Wegen der niedrigen Frequenz hat die Luft bei kleiner Lautsprecherfläche genügend Zeit, einen Druckausgleich durch Umströmen des Lautsprechers herzustellen. Dieser Druckausgleich findet nahe am Lautsprecher statt, sodass in der Ferne keine Luftbewegung mehr stattfindet. Eine physikalisch genauere Erklärung ist diese:

> Tiefe Töne haben wegen der niedrigen Frequenz eine große Wellenlänge. Das gegebene Problem ist physikalisch mit folgendem Problem äquivalent: Eine ebene Schallwelle trifft auf eine unendlich ausgedehnte Wand mit einem Loch der Form A, B oder C. Welches Loch lässt die Schallwelle am besten durch? In diesem Fall wird die Schallwelle durch Beugung umso stärker geschwächt, je kleiner das Loch ist. Dies gilt besonders dann, wenn das Loch kleiner ist als die Wellenlänge.

Aufgabe 12

LÖSUNG: B

ERKLÄRUNG: In beiden Fällen sind die Parkplatztrennlinien parallel zueinander und haben den gleichen Abstand. Der Abstand ist senkrecht zu den Parkplatztrennlinien zu messen. Im Fall A schneidet die Bordsteinkante die Trennlinien unter einem Winkel, sodass die Schnittpunkte weiter auseinander liegen als im Fall B.

Technisches Verständnis – Textaufgaben

Neben den Bildaufgaben zum technischen Verständnis gibt es auch Textaufgaben zu diesem Aufgabentyp. Grundsätzlich ist hier eine gute Kenntnis von physikalischen Grundlagen und Gesetzen von Vorteil. Aus diesem Grund haben wir hier einige Aufgaben abgedruckt und erklärt. Lernen Sie durch Übung und beachten Sie die Auflistung dieser Gesetze im Anhang (siehe Seite 162).

1. Woraus besteht ein Schwingkreis?
a) Kondensator und Spule
b) Wechselstromwiderstand und Spule
c) Kondensator und Gleichstromwiderstand
d) Transistor und Spule

2. Wovon hängt die Induktivität einer Spule ab?
a) von der Spannung
b) vom Widerstand des Drahtes
c) von der Beschaffenheit des Kernmaterials
d) vom Durchmesser der Spule

3. Die Kapazität eines Kondensators wird vergrößert. Wie verhält sich der Wechselstromwiderstand?
a) der Wechselstromwiderstand wird größer
b) der Wechselstromwiderstand wird kleiner
c) es ändert sich nichts

Lösungen

1

LÖSUNG: A.

ERKLÄRUNG: Kondensator und Spule werden benötigt. Der Kondensator kann Spannung »speichern«, indem er ein elektrisches Feld aufbaut. Die Spule kann Strom »speichern«, indem sie ein Magnetfeld aufbaut. Die Schwingung kommt durch wechselweise Umwandlung des Stroms in Spannung im Kondensator und der Spannung in Strom in der Spule zustande.

2

LÖSUNG: C

ERKLÄRUNG: Die relative Permeabilität des Kernmaterials m beeinflusst die Induktivität einer Spule. Die Induktivität der Spule ist eine Eigenschaft der Spule, nicht der angelegten Spannung. Der ohmsche Widerstand des Spulendrahtes beeinflusst zwar die Qualität der Spule, nicht jedoch die Induktivität. Die Induktivität hängt unter anderem noch vom Spulenquerschnitt ab. Da aber dieser nicht notwendigerweise rund ist, ist Antwort D (Durchmesser) ebenfalls unsinnig.

3

LÖSUNG: B

ERKLÄRUNG: Größere Kapazität bedeutet, dass der Kondensator bei gleicher Spannung mehr Ladung speichern kann. Anders: Bei gleicher aufgenommener Ladungsmenge entsteht eine geringere Gegenspannung. Der Wechselstromwiderstand wird geringer. Merkhilfe: Bei unendlicher Kapazität kann beliebig viel Strom in den Kondensator hineinfließen, ohne dass sich eine Spannung dagegen aufbaut. Der Wechselstromwiderstand wäre in dem Fall 0.

4. Welche Spannung liegt an der Autozündkerze an?
a) 12 V
b) 15000 V
c) 120 V
d) 24 V

5. Einordnen nach spezifischem Gewicht, beginnend mit dem kleinsten:
a) Titan, Kupfer, Aluminium, Stahl
b) Kupfer, Stahl, Titan, Aluminium
c) Stahl, Kupfer, Titan, Aluminium
d) Aluminium, Titan, Stahl, Kupfer

6. Die Differenz zwischen Blitz und Donner beträgt 13 Sekunden. Wie weit ist das Gewitter entfernt?
a) ½ km
b) 12 km
c) 2 km
d) 4 km

7. In einem Kettenkarussell sitzen eine schwere und eine leichte Person. Wer wird weiter herausgetragen?
a) beide gleich
b) die leichte Person
c) die schwere Person

4

LÖSUNG: B

ERKLÄRUNG: Ausschlussverfahren: Keine der anderen zur Auswahl stehenden Antworten stellt eine ausreichende Spannung dar, um einen Luftdurchbruch über ca. 1 mm Distanz auszulösen. Auch 120 V reichen dafür nicht aus, andernfalls wäre bereits das amerikanische Stromsystem (110 V) viel zu gefährlich. Die angegebenen 15 000 V können übrigens nur einen groben Wert darstellen, da der reale Wert von der Gasmischung sowie von Form und Abstand der Elektroden abhängt.

5

LÖSUNG: D

ERKLÄRUNG: Dichte der angegebenen Metalle (alle in 10^3 kg/m^3, entsprechend g/cm^3): Aluminium 2707, Titan 4540, Eisen 7897, Kupfer 8954. Da Stahl im Wesentlichen aus Eisen besteht, wurde hier der entsprechende Wert angegeben.

6

LÖSUNG: D

ERKLÄRUNG: Schallgeschwindigkeit in Luft bei 10°C: 338 m/s. Also in 13 Sekunden etwas weniger als 4,5 Kilometer.

7

LÖSUNG: A

ERKLÄRUNG: Für den Winkel, um den eine Person nach außen getragen wird, gilt: Er hängt vom Verhältnis der Zentrifugalkraft zur Gewichtskraft ab. Sowohl Zentrifugalkraft als auch Gewichtskraft sind proportional zur Masse des Körpers. Für das Verhältnis der Kräfte ist also die Masse unerheblich. Genauer gilt:

$$\tan \alpha = \frac{F_z}{G} = \frac{m \cdot \omega^2 \cdot r}{m \cdot g} = \frac{\omega^2 \cdot r}{g}$$

Dabei ist F_Z die Zentrifugalkraft und G die Gewichtskraft. Um die Abhängigkeit der Zentrifugalkraft von der Rotationsgeschwindigkeit brauchen wir uns hier nicht zu kümmern, da beide Personen die gleiche Winkelgeschwindigkeit erfahren.

8. Vorteile des V-Motors gegenüber dem Reihenmotor:
a) mehr Leistung
b) höheres Drehmoment
c) kürzere Bauweise
d) günstigerer Verbrauch

9. Zwei gleiche Pendel werden verschieden weit ausgelenkt. Welches der Pendel schwingt schneller?
a) beide gleich
b) das weniger weit ausgelenkte
c) das weiter ausgelenkte

10. Wie oft dreht die Kurbelwelle eines 8-Zylinder-4-Takt-Motors, bis alle Zylinder einmal gezündet haben?
a) 1 Umdrehung
b) 2 Umdrehungen
c) 4 Umdrehungen
d) 8 Umdrehungen

11. Wie viele Ventile hat ein normaler 4-Zylinder-4-Takt-Motor?
a) 8
b) 24
c) 4
d) 2

12. Ein Großkreis ist ein Kreis auf der Kugeloberfläche, dessen Mittelpunkt mit dem Kugelmittelpunkt identisch ist. Wie viele Großkreise gibt es?
a) 360
b) 1
c) 180
d) mehr als 360

8

LÖSUNG: C

ERKLÄRUNG: Bei Beibehaltung aller übrigen Parameter (z. B. Kolbenhub, Zylinderdurchmesser, Verdichtung usw.) ändert sich nur die Länge des Motors, da beim V-Motor die Zylinder in zwei Reihen angeordnet werden können.

9

LÖSUNG: A

ERKLÄRUNG: Die Schwingungsdauer eines Pendels ist unabhängig von der Auslenkung, da die rücktreibende Kraft (annähernd) proportional zur Auslenkung ist. Dies gilt genau genommen nur, solange die Pendelauslenkung nicht groß wird. Bei sehr großer Auslenkung schwingt das Pendel langsamer. Wir müssen uns also bei der Aufgabenstellung die implizite Annahme einer geringen Pendelauslenkung dazu denken.

10

LÖSUNG: B

ERKLÄRUNG: Die Zahl der Zylinder spielt dabei im Prinzip keine Rolle. Jeder Zylinder eines Viertaktmotors wird einmal in zwei Umdrehungen gezündet. (Eine Umdrehung wird für Ausstoß und Ansaugen gebraucht, die zweite für Verdichtung und Arbeitstakt.)

11

LÖSUNG: A

ERKLÄRUNG: Zwei Ventile pro Zylinder reichen (Ansaugventil und Auspuffventil).

12

LÖSUNG: D

ERKLÄRUNG: Es gibt unendlich viele Großkreise auf einer Kugel. Bereits alle möglichen Meridiane der Erdkugel sind unendlich viele, da ja nicht nur ganzzahlige Meridiane gezählt werden müssen. Großkreise müssen aber nicht zwingend die Erdachse schneiden, woraus sich unendlich viele weitere Möglichkeiten ergeben.

Tipp:

Wir empfehlen Ihnen zum weiteren Üben folgende Bücher:

- Testtraining Technisches Verständnis
- Testtraining Naturwissenschaften

Räumliches Vorstellungsvermögen

Würfelrotation I

Bei diesem Test wird Ihr dreidimensionales Vorstellungsvermögen getestet. Sie bekommen einen aufgefalteten Würfel gezeigt und sollen aus fünf möglichen Lösungswürfeln den richtigen aus der Aufgabenstellung wieder erkennen. Dabei müssen Sie beachten, dass die Augenanordnung auf den Würfeln nicht der Anordnung auf den Ihnen bekannten Spielwürfeln entspricht und auch Abwandlungen mit mehr als sechs Augen und anderer Augenanordnung möglich sind.

1.

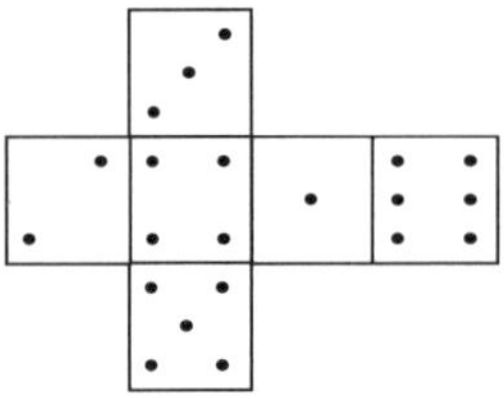

a b c d e

2.

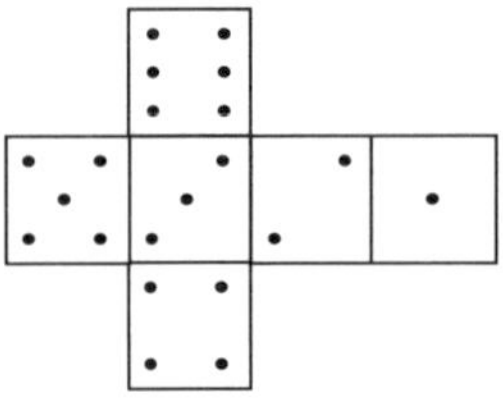

a b c d e

3.

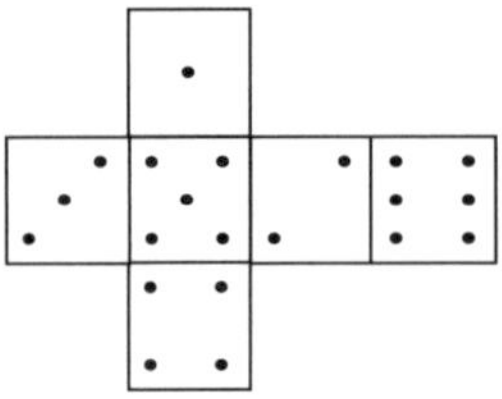

a b c d e

Lösungen

1. a

ERKLÄRUNG: Liegt die 6 vorne und die 3 oben, muss rechts die 2 sichtbar sein. ▸ Lösung a ist richtig.

GEGENPROBEN: Liegt die 3 vorne und die 6 oben, muss rechts die 1 sichtbar sein. ▸ Lösung b scheidet aus. Liegt die 5 vorne und die 4 oben, muss rechts die 1 sichtbar sein. ▸ Lösung c scheidet aus. Liegt die 4 vorne und die 5 oben, muss rechts die 2 sichtbar sein. ▸ Lösung d scheidet aus. Liegt die 2 vorne kann die 1 nicht oben sichtbar sein, da diese beiden Zahlen sich gegenüber liegen. ▸ Lösung e scheidet aus.

2. c

ERKLÄRUNG: Liegt die 4 vorne und die 3 oben, muss rechts die 2 sichtbar sein. ▸ Lösung c ist richtig.

GEGENPROBEN: Liegt die 5 vorne und die 6 oben, muss rechts die 4 sichtbar sein. ▸ Lösung a scheidet aus. Liegt die 2 vorne kann die 5 nicht sichtbar sein, da sich die 2 und die 5 gegenüber liegen. ▸ Lösung b scheidet aus. Liegt die 6 vorne und die 2 oben, muss rechts die 5 sichtbar sein. ▸ Lösung d scheidet aus. Liegt die 3 vorne, kann die 1 nicht sichtbar sein, da sich die 3 und die 1 gegenüber liegen. ▸ Lösung e scheidet aus.

3. b

ERKLÄRUNG: Liegt die 2 vorne und die 5 oben, muss rechts die 3 sichtbar sein. ▸ Lösung b ist richtig.

GEGENPROBEN: Liegt die 2 vorne und die 6 oben, muss rechts die 4 sichtbar sein. ▸ Lösung a scheidet aus. Liegt die 4 vorne und die 5 oben, muss rechts die 2 sichtbar sein. ▸ Lösung c scheidet aus. Liegt die 6 vorne und die 3 oben, muss rechts die 4 sichtbar sein. ▸ Lösung d scheidet aus. Liegt die 5 vorne und die 2 oben, muss rechts die 4 sichtbar sein. ▸ Lösung e scheidet aus.

4.

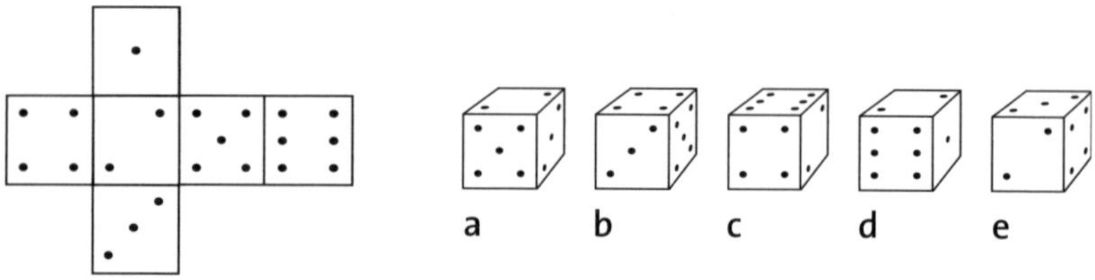

5.

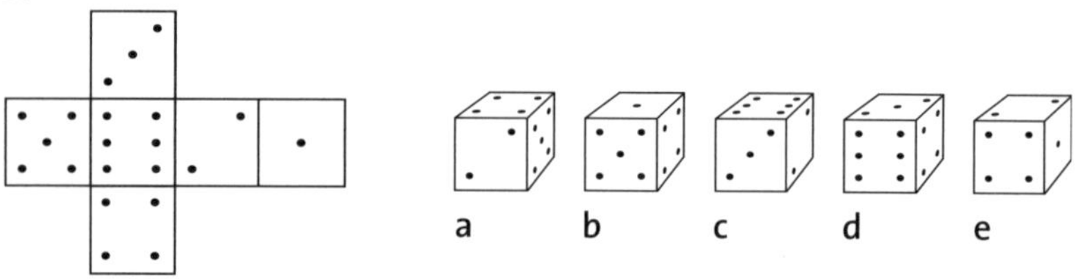

6.

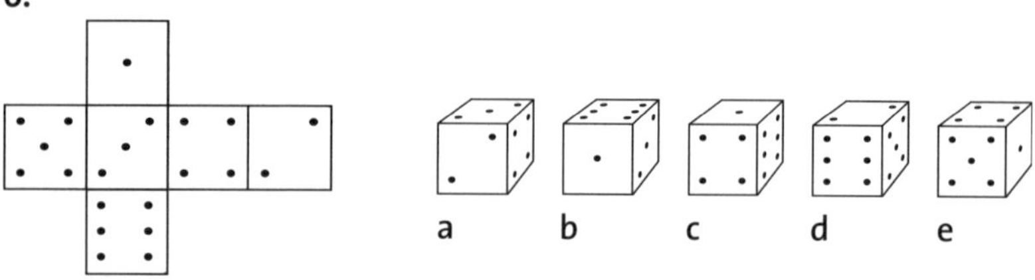

7.

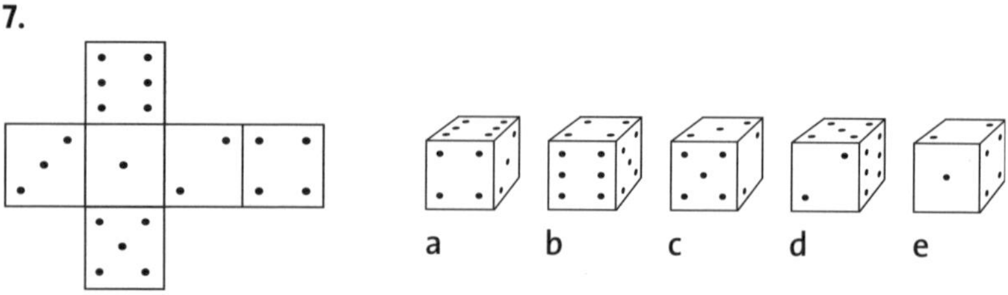

4. e

ERKLÄRUNG: Liegt die 2 vorne und die 3 oben, muss rechts die 4 sichtbar sein. ▸ Lösung e ist richtig.

GEGENPROBEN: Liegt die 5 vorne und die 2 oben, muss rechts die 1 sichtbar sein. ▸ Lösung a scheidet aus. Liegt die 3 vorne und die 4 oben, muss rechts die 2 sichtbar sein. ▸ Lösung b scheidet aus. Liegt die 4 vorne und die 6 oben, muss rechts die 1 sichtbar sein. ▸ Lösung c scheidet aus. Liegt die 6 vorne, kann die 2 nicht sichtbar sein, da sich die 6 und die 2 gegenüber liegen. ▸ Lösung d scheidet aus.

5. e

ERKLÄRUNG: Liegt die 4 vorne und die 2 oben, muss rechts die 1 sichtbar sein. ▸ Lösung e ist richtig.

GEGENPROBEN: Liegt die 2 vorne und die 4 oben, muss rechts die 6 sichtbar sein. ▸ Lösung a scheidet aus. Liegt die 5 vorne und die 1 oben, muss rechts die 3 sichtbar sein. ▸ Lösung b scheidet aus. Liegt die 3 vorne und die 6 oben, muss rechts die 5 sichtbar sein. ▸ Lösung c scheidet aus. Liegt die 6 vorne und die 3 oben, muss rechts die 2 sichtbar sein. ▸ Lösung d scheidet aus.

6. d

ERKLÄRUNG: Liegt die 6 vorne und die 2 oben, muss rechts die 5 sichtbar sein. ▸ Lösung d ist somit richtig.

GEGENPROBEN: Liegt die 2 vorne, kann die 3 nicht sichtbar sein, da sich die 2 und die 3 gegenüber liegen. ▸ Lösung a scheidet aus. Liegt die 1 vorne kann die 6 nicht sichtbar sein, da sich die 1 und die 6 gegenüber liegen. ▸ Lösung b scheidet aus. Liegt die 4 vorne und die 1 oben, muss rechts die 2 sichtbar sein. ▸ Lösung c scheidet aus. Liegt die 5 vorne, kann die 4 nicht sichtbar sein, da sich die 5 und die 4 gegenüber liegen. ▸ Lösung e scheidet aus.

7. a

ERKLÄRUNG: Liegt die 4 vorne und die 6 oben, muss rechts die 3 sichtbar sein. ▸ Lösung a ist richtig.

GEGENPROBEN: Liegt die 6 vorne und die 4 oben, muss rechts die 2 sichtbar sein. ▸ Lösung b aus. Liegt die 5 vorne und die 3 oben, muss rechts die 1 sichtbar sein. ▸ Lösung c scheidet aus. Liegt die 2 vorne und die 5 oben, muss rechts die 1 sichtbar sein. ▸ Lösung d scheidet aus. Liegt die 1 vorne und die 2 oben, muss rechts die 5 sichtbar sein. ▸ Lösung e scheidet aus.

8.

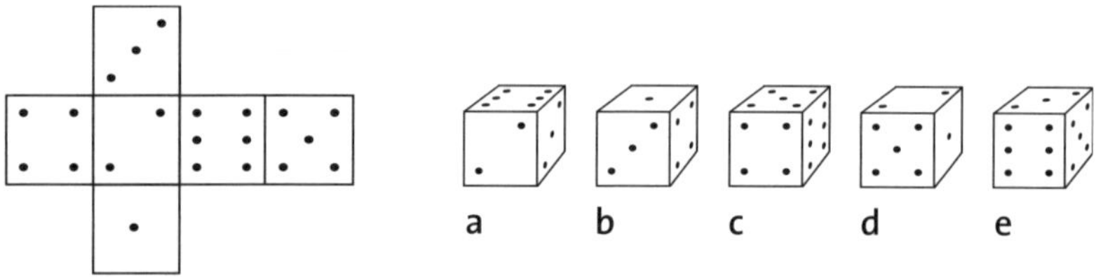

9.

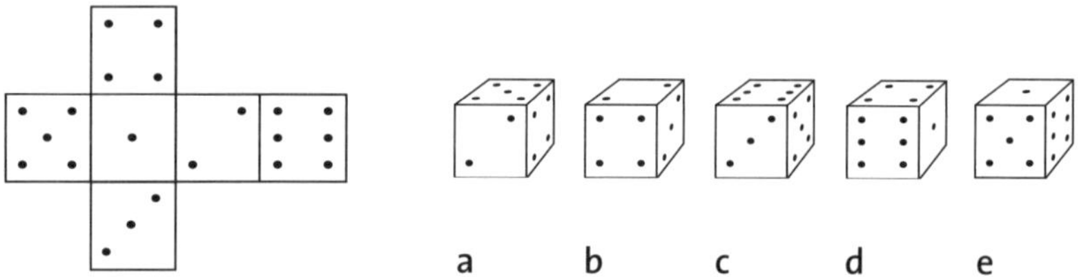

Bearbeitungstipps

Solche Tests lassen sich zu Hause relativ leicht trainieren und Sie werden merken, dass Sie meist schnell sichtbare Fortschritte machen. Als Bearbeitungshilfen empfehlen wir, folgende Tipps zu beachten:

Bei allen Tests zur dreidimensionalen Fähigkeit sollten Sie nach der Ausschluss-Methode vorgehen, d. h. eliminieren Sie zuerst alle angebotenen Lösungen, die auf keinen Fall zutreffen können. In diesem Aufgabenbeispiel der Würfelrotation sollten Sie also schauen, welche von den gezeigten Augen nebeneinander liegen müssen bzw. auf keinen Fall nebeneinander liegen können. Meist bleiben Ihnen dann statt fünf Lösungsmöglichkeiten nur noch zwei oder drei übrig.

Befreien Sie sich von der Vorstellung, dass die Würfelaugen so nebeneinander liegen, wie Sie es von echten Spielwürfeln gewohnt sind. Schnell verfällt man in den

8. e

ERKLÄRUNG: Liegt die 6 vorne und die 3 oben, muss rechts die 5 sichtbar sein. ▸ Lösung e ist richtig.

GEGENPROBEN: Liegt die 2 vorne und die 6 oben, muss rechts die 1 sichtbar sein. ▸ Lösung a scheidet aus. Liegt die 3 vorne kann die 1 nicht sichtbar sein, da sich die 3 und die 1 gegenüber liegen. ▸ Lösung b scheidet aus. Liegt die 4 vorne und die 5 oben, muss rechts die 3 sichtbar sein. ▸ Lösung c scheidet aus. Liegt die 5 vorne kann die 2 nicht sichtbar sein, da sich die 5 und die 2 gegenüber liegen. ▸ Lösung d scheidet aus.

9. c

ERKLÄRUNG: Liegt die 3 vorne und die 6 oben, muss rechts die 5 sichtbar sein. ▸ Lösung c ist richtig.

GEGENPROBEN: Liegt die 2 vorne kann die 5 nicht sichtbar sein, da sich die 2 und die 5 gegenüber liegen. ▸ Lösung a aus. Liegt die 4 vorne und die 2 oben, muss rechts die 1 sichtbar sein. ▸ Lösung b scheidet aus. Liegt die 6 vorne und die 4 oben, muss rechts die 5 sichtbar sein. ▸ Lösung d scheidet aus. Liegt die 5 vorne und die 1 oben, muss rechts die 3 sichtbar sein. Lösung e scheidet aus.

Trott der Gewohnheit und macht Fehler, weil man Dinge so behandelt, wie es schon immer war.

Oft hilft es, wenn man sich zum Üben eine Abwicklungsvorlage erstellt und diese entsprechend den angebotenen Aufgaben beschriftet. So lassen sich alle Lösungen – auch die hier im Buch – besser nachvollziehen und ihr geistiges Auge gewöhnt sich daran, Dinge auch dreidimensional zu betrachten. Als Tipp empfiehlt es sich, eine Vorlage aus einer Klarsichtfolie zu erstellen, die Sie mit Folienmarkern immer wieder neu beschriften können.

Nutzen Sie die Übungsvorlagen – auch die hier im Buch. Es ist ein Leichtes, sich solche Aufgaben aus diesem oder anderen Büchern herauszukopieren und neue Aufgaben zu erstellen.

Würfelrotation II

Sie bekommen insgesamt sechs Würfel gezeigt, die Sie den sechs Ausgangswürfeln zuordnen sollen. Jeder Würfel hat entsprechend seinen sechs Grundflächen auch sechs verschiedene Symbole, von denen Sie aber jeweils immer nur drei sehen können. Beachten Sie, dass die Würfel sowohl gedreht, gekippt als auch gedreht und gekippt werden können. Die Schwierigkeit besteht darin, dass Sie durch diese Würfelrotation auch ein neues Symbol sehen können, was in dem Ausgangswürfel noch nicht sichtbar war. Und: Auch wenn die Ausgangswürfel zum Teil die gleichen Symbole tragen, so handelt es sich doch um verschiedene Würfel!
Ordnen Sie nun die sechs Übungswürfel den Ausgangswürfeln zu. In einem Test hätten Sie dafür etwa 2 Minuten Zeit.

Ausgangswürfel

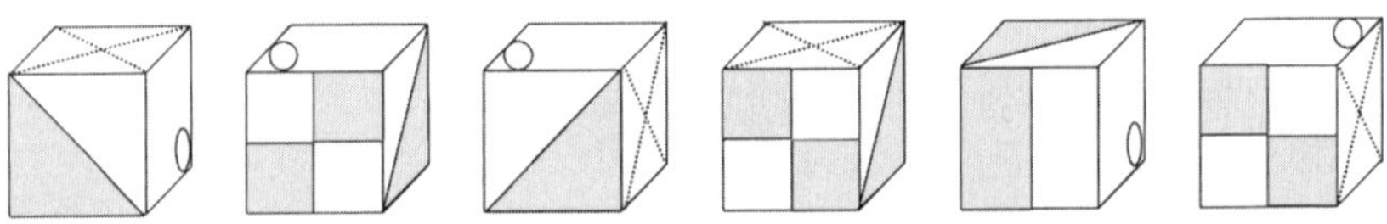

A B C D E F

Übungswürfel

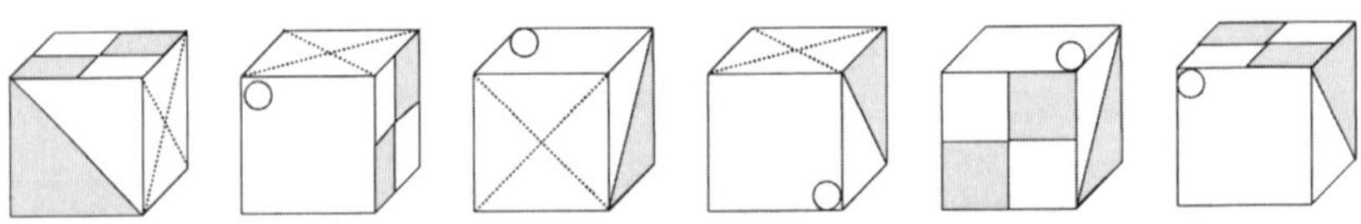

1 2 3 4 5 6

Lösungen

1.

LÖSUNG: d

ERKLÄRUNG: Der Würfel wurde einmal nach hinten gekippt und eine Viertelumdrehung im Uhrzeigersinn gedreht.

2.

LÖSUNG: f

ERKLÄRUNG: Der Würfel wurde eine Viertelumdrehung gegen den Uhrzeigersinn gedreht und einmal nach vorne gekippt.

3.

LÖSUNG: a

ERKLÄRUNG: Der Würfel wurde einmal nach links gekippt und einmal gegen den Uhrzeigersinn gedreht.

4.

LÖSUNG: c

ERKLÄRUNG: Der Würfel wurde einmal gegen den Uhrzeigersinn gedreht und einmal nach vorne gekippt.

5.

LÖSUNG: c

ERKLÄRUNG: Der Würfel wurde einmal gegen den Uhrzeigersinn gedreht.

6.

LÖSUNG: a

Erklärung: Der Würfel wurde einmal gegen den Uhrzeigersinn gedreht und zweimal nach vorne gekippt.

Bearbeitungstipps

Unserer Erfahrung nach haben viele Testteilnehmer Probleme damit, solche und andere Aufgaben des räumlichen Vorstellungsvermögens zu lösen. Die folgenden Tipps lassen sich sicherlich nicht in fünf Minuten verinnerlichen, jedoch werden Sie nach einer gründlichen Bearbeitung über eine Lösungsstrategie verfügen, die Ihnen helfen wird, solche Aufgaben systematisch und sinnvoll zu lösen.
Die Universität Düsseldorf hat sich einmal mit solchen Würfelaufgaben beschäf-

tigt und dabei festgestellt, dass man einen großen Teil dieser Aufgaben auf verblüffend einfache Weise lösen kann: Bei den Aufgabenwürfeln A bis F sehen Sie jeweils drei Flächen mit ihren Symbolen. Diese wiederholen sich auch auf den anderen Würfeln, dann jedoch in immer unterschiedlichen Konstellationen. Einfacher wird es, wenn man nun statt der Symbole Zahlen einsetzt. Dies wollen wir hier exemplarisch einmal tun:

Gestricheltes Kreuz:	1
Graues Dreieck:	2
Kreis:	3
Graue Quadrate:	4
Graues Rechteck:	5

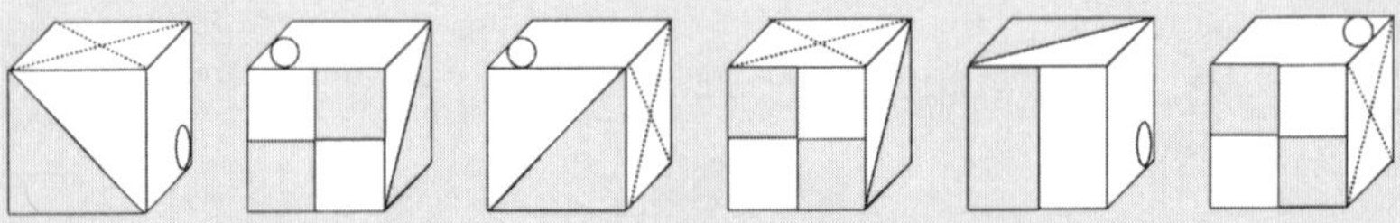

Hier nun noch einmal die Modellwürfel:

A B C D E F

In den Aufgabenwürfeln befinden sich nun drei verschiedene Würfeltypen. Diese sind:

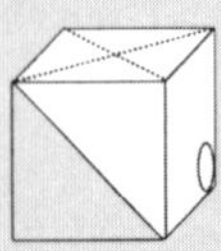

Aufgabenwürfel 1
Symbole 1, 2, 4
I Flächenwürfel

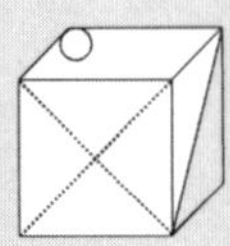

Aufgabenwürfel 3
Symbole 1, 2, 3
II Flächenwürfel plus

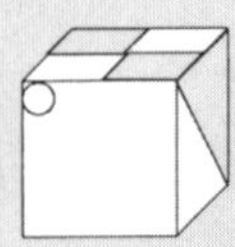

Aufgabenwürfel 6
Symbole 2, 3, 4
III Raumwürfel

Der Aufgabenwürfel A verfügt über folgende Symbole: Das Kreuz (1), das graue Dreieck (2) und den Kreis (3). Der Würfel B hat die bekannten Symbole 2 und 3 und ein neues Symbol, die grauen Quadrate, die nun die Ziffer 4 bekommen. Nun kommt nur noch bei Würfel E das graue Rechteck als neues Symbol hinzu, das dann die Ordnungsziffer 5 erhält.
Als Nächstes sollten Sie die Aufgabenreihe A bis F darauf überprüfen, welche Würfel genau die gleichen Symbole tragen. Nur A und C zeigen die gleichen Symbole 1, 2 und 3 (diese Erkenntnis benötigen Sie später bei den so genannten

»Flächenwürfeln plus«). Um das Zuordnungsverfahren der Aufgabenwürfel und Übungswürfel zu erleichtern, kann man die Aufgabenwürfel in drei Typen unterteilen (s. o.). Dies sollten Sie grundsätzlich tun, da es für die Lösungsfindung sehr hilfreich ist.

Würfeltyp I:	Flächenwürfel
Würfeltyp II:	Flächenwürfel plus
Würfeltyp III:	Raumwürfel

Der Flächenwürfel

Beim ersten Würfeltyp handelt es sich um den Flächenwürfel, der sehr leicht dem Aufgabenwürfel zugeordnet werden kann, da seine sichtbaren Flächen mit den Flächen eines der gezeigten Würfel identisch sind. Sie sollten dabei wie folgt vorgehen:
Vergleichen Sie die Flächen und Symbole von Aufgabenwürfel 1 zunächst mit den Flächen von Modellwürfel A, danach mit B (C können Sie überspringen, da die Flächen mit A identisch sind) und bei Würfel D stellen Sie eine Übereinstimmung in allen drei Symbolen fest. Damit ist Übungswürfel 1 = Würfel D.

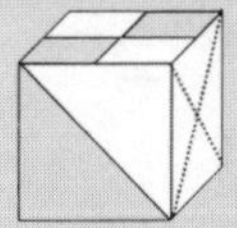

1

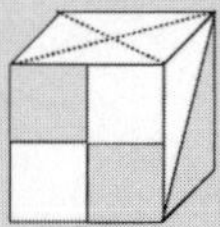

D

Wegen dieses einfachen Flächenvergleichs bei der Aufgabenbearbeitung hat dieser Würfeltyp den Namen »Flächenwürfel« erhalten.

Flächenwürfel plus

Beim zweiten Aufgabentyp, dem Würfel Nr. 3 aus den Übungsaufgaben, findet man die gleichen Symbole wie auch bei den Würfeln A und C. Da die anderen Würfel andere Symbole zeigen, scheiden diese als Lösungsmöglichkeit aus. Da aufgrund der gleichen Symbole keine eindeutige Entscheidung möglich ist, müssen Sie hier nun zwischen dem Würfel A und C entscheiden, was aber immer noch leichter ist, als einen von sechs Würfeln auszuwählen.
Den Namen »Flächenwürfel plus« hat dieser Würfeltyp erhalten, da Sie hier einen zusätzlichen Prüfungspunkt in Ihre Überlegungen mit einbauen müssen. Zusätzlich beachten Sie bei diesem Schritt auch Positionen der Symbole zueinander.
Beginnen wir mit der Beachtung der Beziehung der beiden Flächen Kreuz (1) und graues Dreieck (2) bei unserem Aufgabenwürfel 3:

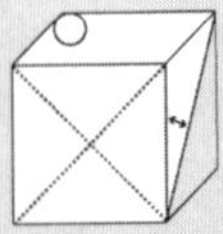

3

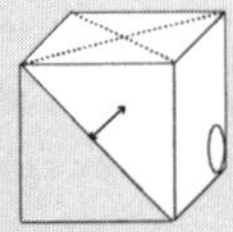

A

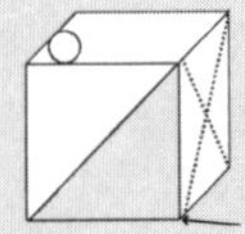

C

Zwischen den beiden Flächen befindet sich ein weißer Zwischenraum (das weiße Dreieck), was nur bei Würfel A auch der Fall ist. Betrachtet man Würfel C, so stellt man fest, dass das graue Dreieck direkt an dem Kreuz anliegt. Daher ist hier Lösung A richtig.

Lassen Sie uns der Vollständigkeit halber auch noch die Beziehung zwischen dem grauen Dreieck (2) und dem Kreis (3) bei Würfel Nr. 3 betrachten:

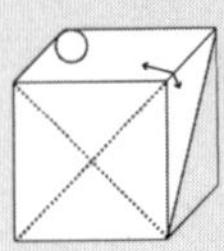

3

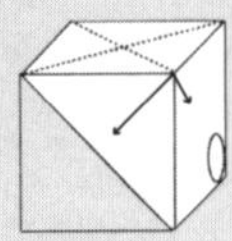

A

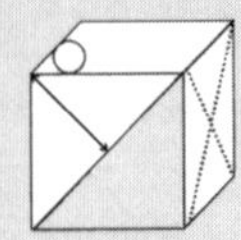

C

Denkt man sich eine Verbindungslinie, hier bei uns die Pfeile, vom grauen Dreieck zum Kreis, so kann man feststellen, dass diese bei Würfel 3 und A gleich lang ist, während bei Würfel C die Linie zum Kreis deutlich kleiner wäre, da der Kreis direkt an der Ecke anliegt. Damit wird die Lösung A nochmals bestätigt.

Raumwürfel

Bei dem dritten Würfeltyp, dem Würfel Nr. 6 aus unserer Aufgabe, handelt es sich um den so genannten Typ des Raumwürfels. Auf den ersten Blick könnte man meinen, dass es sich um den Flächenwürfel B handelt, wobei wir dies hier genauer überprüfen wollen. Wieder prüfen wir, ob sich die Symbole im richtigen Verhältnis zueinander befinden. Überprüfen wir die Lage des weißen Quadrats (4) zum weißen Kreis (3), so scheint die Beziehung richtig zu sein.

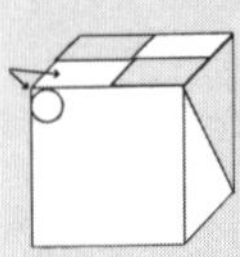

6

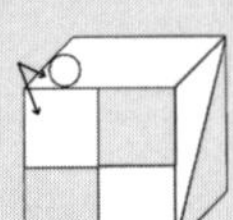

B

Aber: Das graue Quadrat (4) grenzt bei Würfel B nicht wie bei Würfel 6 an das graue Rechteck. Daher kann es sich hier nicht um den Würfel B handeln.

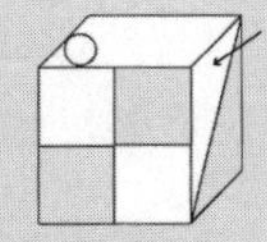

6 B

Um den richtigen Würfel herauszufinden, bedienen wir uns jetzt wieder der Ausschlussmethode, das heißt, wir schauen als Erstes, welche Würfel definitiv ausscheiden müssen.

Beginnen wir mit Würfel F:

Der Kreis (3) und die Quadrate (4) sind zwar vorhanden, jedoch stellt man bei einer Überprüfung der Symbollage fest, dass beim Würfel Nr. 6 der weiße Kreis ganz nahe an dem weißen Quadrat (4) ist. Dies ist bei Würfel F jedoch nicht der Fall.

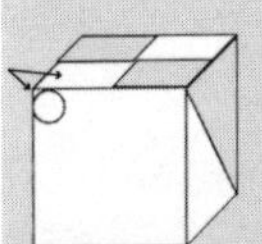

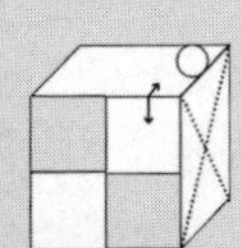

6 F

Betrachten wir nun Würfel E:

Würfel E könnte wegen der richtigen Beziehungen der Flächen Kreis (3) und Dreieck (2) in Frage kommen. Dieser Würfel muss jedoch ausscheiden, wenn man ihn nach rechts zur Seite kippt, sodass der Kreis unten liegt und die Lage der Dreiecke in Übereinstimmung mit dem Würfel Nr. 6 liegen.

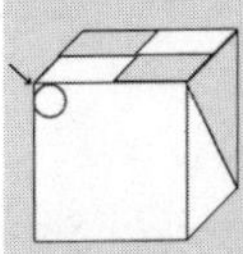

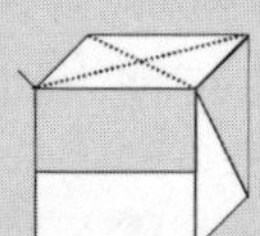

6 E

Jetzt stellt man fest, dass das Rechteck (5) noch immer vorne sichtbar ist, wo sich eigentlich der Kreis (3) befinden müsste. Damit ist Lösung E auch nicht korrekt.

Würfel C und D:

Bei Würfel D findet man zwei Symbole des Aufgabenwürfels, jedoch stimmt die Lage der Symbole nicht überein. Dies gilt auch für Würfel C, wo die Entfernung vom Kreis (3) zum Dreieck (2) nicht stimmt.

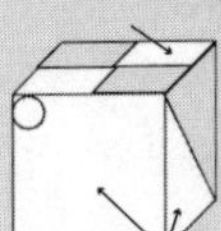

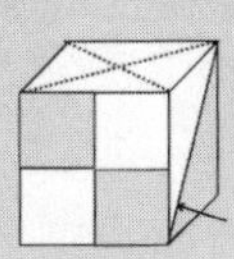

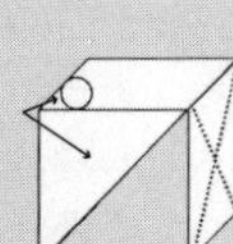

6 D C

Da alle anderen Lösungen ausgeschlossen werden konnten, bleibt in unserem Beispiel nur Lösung A als korrekt übrig. Hier stimmen nun auch die Entfernungen Kreis (3)/Dreieck (2).

6 A

Mit Hilfe der Ausschlussmethode konnten wir nun – arbeitsintensiv, aber leicht – den richtigen Würfel herausfinden. Bei den Raumwürfeln ist ein besonderes Maß an räumlicher Vorstellungskraft nötig, das heißt, das Wenden und Drehen des Würfels mittels reiner Vorstellungskraft und unter Berücksichtigung der Zuordnung der Flächen zueinander.

Diese schwierigeren Raumwürfel machen in einer realen Testsituation meistens nur 30 Prozent aller Aufgaben aus. Die restlichen Würfel sind Flächenwürfel oder Flächenwürfel plus.

Bearbeiten Sie in einem Einstellungstest zuerst immer die einfachen Flächenwürfel bzw. Flächenwürfel plus. Sie sammeln so wertvolle Punkte, da jede richtige Lösung zählt! Bewahren Sie immer einen kühlen Kopf und beißen Sie sich auf keinen Fall an einer Aufgabe fest! Lösen Sie immer erst leichtere Aufgaben und gehen Sie zum Schluss auf die schweren über, wenn Ihnen dann noch genügend Zeit bleibt.

Generelle Bearbeitungstipps zum räumlichen Vorstellungsvermögen

Diese Aufgabentypen erscheinen meistens schwerer, als sie sind. Natürlich braucht es Zeit, bis Sie in der Lage sind, Gegenstände im Kopf in alle Richtungen zu drehen und zu kippen, ohne dass Sie gleich den Überblick verlieren. Um sich die Trainingsphase etwas leichter zu gestalten, können Sie folgende Tricks anwenden:

- ◇ Gerade bei Würfelaufgaben ist es sehr leicht, sich eine durchsichtige Folie zum Würfel zu knicken und diese immer wieder neu zu bemalen. Sie werden sehr schnell merken, dass Sie am Anfang zwar etwas Zeit beim Zeichnen verlieren, aber rasch immer weniger auf dieses Hilfsmittel zurückgreifen müssen. Ihr Gehirn »speichert« die Würfel, und die Drehungen/Rotationen erfolgen irgendwann nahezu automatisch.
- ◇ Wenn Sie einmal beim Üben partout nicht auf eine Lösung kommen, so schneiden Sie sich die Grafik aus und bearbeiten Sie sie so lange, bis Sie die Lösung auch wirklich verstanden haben. Zu Hause haben Sie Zeit und es

nützt Ihnen nichts, wenn Sie in einer realen Testsituationen einen negativen Wiedererkennungseffekt (»Das konnte ich schon zu Hause nie ...«) haben. Dann provozieren Sie lieber den positiven Wiedererkennungswert (»Das Problem habe ich schon mal gehabt und wie folgt gelöst ...«)

- Beachten Sie immer die Symbole auf den Zeichnungen, die Sie bearbeiten sollen. Oftmals können Sie mit der Ausschlussmethode die Lösungsmöglichkeiten drastisch reduzieren und unter Umständen am Ende auch mal gewagt raten. Vergleichen Sie bei den Symbolen immer die Abstände zueinander. Passt ein Abstand nicht, so scheidet diese Lösungsmöglichkeit aus und sie können eine andere bearbeiten.
- Beißen Sie sich nicht an Aufgaben fest! Dies könnte Sie zu viel Zeit kosten, die Ihnen am Ende für womöglich wesentlich leichtere Aufgaben fehlt. Kleinvieh macht auch Mist und dies gilt insbesondere für Punkte, die Sie so auf die Schnelle nebenbei mitnehmen können.

Tipp:
Ein ausführliches Kapitel mit vielen Übungsaufgaben zum räumlichen Vorstellungsvermögen finden Sie auch in unserem Buch *Testtraining Technisches Verständnis*.

Einfallsgeschwindigkeit und Kreativität

Wörter finden I – Anfangsbuchstaben

Bei diesem Test sollen Ihre Sprachschöpfungsfähigkeiten ausgelotet werden. Sie bekommen einen Buchstaben genannt und sollen innerhalb von 10 Sekunden alle Hauptwörter (Substantive) aufschreiben, die Ihnen spontan mit diesem Anfangsbuchstaben einfallen.
Ein Beispiel: Es wird Ihnen der Buchstabe »G« genannt. Nun haben Sie 10 Sekunden Zeit, alle mit »G« beginnenden Hauptwörter aufzuschreiben, die Ihnen einfallen. Dies könnte z. B. sein:

- Gans
- Gänserich
- Gruppe
- Geld
- Gefahr

Bitte üben Sie diesen Test mit der Unterstützung eines Helfers, der sich für Sie die Buchstaben ausdenkt und die Zeit misst. Für diesen Test finden Sie keine Lösung, da Sie leicht nach Testende Ihre Ergebnisse selbst überprüfen können. Es gilt: Je mehr Wörter (richtig geschrieben!) Sie vorweisen können, desto besser.
Bei solchen Aufgaben haben Sie üblicherweise sehr wenig Zeit, hier: pro Buchstabe 30 Sekunden.

Aufgaben

1. Alle Hauptwörter (Substantive) mit den Anfangsbuchstaben
   - S
   - P
   - G
   - A
   - T
2. Alle Verben mit den Anfangsbuchstaben
   - B
   - R
   - F
   - L
   - G

Bearbeitungstipps

Wenn Sie folgende Tipps beachten, wird es Ihnen in Zukunft leichter fallen, diesen Aufgabentyp erfolgreich zu lösen:

- Versuchen Sie möglichst kurze Wörter zu finden. Dies verkürzt die Zeit, die Sie benötigen, um die Wörter (richtig) aufzuschreiben und verbessert Ihr Ergebnis.
- Lernen Sie (seltene) Buchstaben auswendig, wenn Sie beim Üben feststellen, dass Ihnen spontan zu wenige Wörter einfallen.
- Schönschrift ist nicht gefragt, jedoch sollten Sie darauf achten, dass Ihre Schrift trotz Zeitdruck leserlich bleibt. Schlimmstenfalls können sonst Testergebnisse nicht gewertet werden.
- Üben Sie gezielt Schwachpunkte! Dies gilt nicht nur für diesen, sondern für alle Tests in diesem Buch. Es nutzt Ihnen nichts, wenn Sie in Kreativitätstests fantastische Ergebnisse erzielen, jedoch in Mathematik null Punkte und deswegen keinen Arbeits- oder Ausbildungsplatz bekommen. Alle Tests sind üb- und lernbar!

Wörter finden II – Anfangs- und Endbuchstaben

Eine weitere Variante ist es, Ihnen nicht nur den Anfangs-, sondern auch den Endbuchstaben vorzugeben. Denken Sie sich jetzt z. B. Wörter mit dem Anfangsbuchstaben S und Endbuchstaben N aus (z. B. sagen, Süden, Südwesten etc.).
Alle Wortklassen (Haupt-, Tätigkeits-, Eigenschaftswörter etc.) und ihre Abwandlungen sind erlaubt. Auch Eigen- und Städtenamen gelten. Sämtliche Wörter, wie sie in Zeitungen und Büchern Verwendung finden, gelten als richtige Lösung. Nicht zugelassen sind Fremdsprachen, Wortneubildungen und Dialekte.
Für jede Aufgabe haben Sie jetzt 1 Minute Zeit.

Aufgaben

1.	Anfangsbuchstabe B	Endbuchstabe E (z. B. Blase)
2.	Anfangsbuchstabe M	Endbuchstabe N
3.	Anfangsbuchstabe A	Endbuchstabe N
4.	Anfangsbuchstabe S	Endbuchstabe T
5.	Anfangsbuchstabe E	Endbuchstabe L
6.	Anfangsbuchstabe K	Endbuchstabe R
7.	Anfangsbuchstabe G	Endbuchstabe N
8.	Anfangsbuchstabe M	Endbuchstabe E
9.	Anfangsbuchstabe S	Endbuchstabe D
10.	Anfangsbuchstabe T	Endbuchstabe E

Bearbeitungstipps

- Entspannen Sie sich! Sie haben hier die doppelte Zeit zur Verfügung und können – zumindest etwas – länger nachdenken. Auch hier sollten Sie etwas Zeit in die Vorbereitung stecken. Üben Sie diesen Test, gerade, wenn Sie damit Probleme haben.
- Versuchen Sie Abwandlungen der Wörter zu finden, die Ihnen schon eingefallen sind. Häufig denkt man spontan an ein passendes Wort und ein ähnlich klingendes schwebt im Hintergrund. Schreiben Sie alle Wörter auf, auch wenn die Unterschiede nur marginal sind. Eventuell passt auch die Mehrzahl.
- Ein Beispiel: Anfangsbuchstabe M und Endbuchstabe N. »Magen«, »Mägen«. Ferner gelten hier auch die Testtipps von Teil 1.

Wörter finden III – Wortergänzungen

Noch eine weitere Aufgabe, mit der Ihre Sprachkenntnisse und Ihr Assoziationsvermögen getestet werden, ist die Variante, Ihnen nur Wortanfänge zu präsentieren, die Sie möglichst vielfältig ergänzen sollen. Beispiel: Der vorgegebene Wortanfang lautet »Teil…«

- Teil*ung*
- Teil*haber*
- Teil*weise*

Analog unserem Beispiel sollen Sie nun die folgenden Wortanfänge sinnvoll ergänzen. Dabei ist es egal, um welche Wörter es sich handelt (Substantive, Verben …)
Für die folgenden Wortanfänge haben Sie pro Wortgruppe nur 30 Sekunden Zeit.

Aufgaben

Wagen__________	Wagen__________	Wagen__________
Wagen__________	Wagen__________	Wagen__________
Wagen__________	Wagen__________	Wagen__________
Wagen__________	Wagen__________	Wagen__________
Wagen__________	Wagen__________	Wagen__________

Kriminal________	Kriminal________	Kriminal________
Kriminal________	Kriminal________	Kriminal________
Kriminal________	Kriminal________	Kriminal________
Kriminal________	Kriminal________	Kriminal________
Kriminal________	Kriminal________	Kriminal________

Flug______________	Flug______________	Flug______________
Flug______________	Flug______________	Flug______________
Flug______________	Flug______________	Flug______________
Flug______________	Flug______________	Flug______________
Flug______________	Flug______________	Flug______________

Reifen____________	Reifen____________	Reifen____________
Reifen____________	Reifen____________	Reifen____________
Reifen____________	Reifen____________	Reifen____________
Reifen____________	Reifen____________	Reifen____________
Reifen____________	Reifen____________	Reifen____________

Rasen_____________	Rasen_____________	Rasen_____________
Rasen_____________	Rasen_____________	Rasen_____________
Rasen_____________	Rasen_____________	Rasen_____________
Rasen_____________	Rasen_____________	Rasen_____________
Rasen_____________	Rasen_____________	Rasen_____________

Bearbeitungstipps

- ◇ Nutzen Sie Wortabwandlungen! Sollen Sie zum Beispiel zu »Auto« weitere Ergänzungen finden und kommen auf »Auto*matik*«, so können Sie zum Beispiel »Automatik*tür*«, »Auto*matisch*«, »Auto*mat*« o. ä. einfügen. Dies sind für Sie schnell gemachte Punkte, ohne dass Sie wirklich nachdenken mussten.
- ◇ Denken Sie auch wieder an die Mehrzahl und beachten Sie die Bearbeitungstipps vom ersten und zweiten Teil.

Firmenlogos erstellen

Beim folgenden Test geht es um die Erstellung werbewirksamer Firmenlogos. Dabei sollten Sie beachten, daß Sie möglichst viele verschiedene Logos erstellen, bei denen aber immer ganz deutlich die zu verkaufende Ware und der Firmeninhaber zu erkennen sind.
Beispiel: Erstellen Sie möglichst viele Werbelogos für das Taschengeschäft des Herrn Fritz.

Pro Aufgabe haben Sie 3 Minuten Zeit. Es reichen einfache Skizzen.

Aufgaben

1. Bitte erstellen Sie möglichst viele verschiedene Werbelogos für *Trudes Autozubehör.*

2. Bitte erstellen Sie möglichst viele verschiedene Werbelogos für *Harrys Fischrestaurant.*

3. Bitte erstellen Sie möglichst viele verschiedene Werbelogos für *Foto-Walter*.

Bearbeitungstipps

- ◇ Versuchen Sie so viele Logos wie möglich zu erstellen. Achten Sie auf Unterschiede. Nur minimale Änderungen zählen unter Umständen nicht als neues Logo.
- ◇ Verzichten Sie auf Details. Sie schmücken zwar das Bild, kosten jedoch nur unnötig Zeit. Arbeiten Sie mit groben Zeichnungen, ohne auf Maßstäbe zu achten. Wichtig ist, dass die Aussage des Bildes klar erkennbar ist.
- ◇ Arbeiten Sie mit bekannten Bildern. Sicherlich haben Sie sofort ein paar Assoziationen, wenn es um die Pizzeria Mario geht. Wie kann Mario aussehen? Ein paar Gesichter, eine Pizza daneben, das ganz unterschiedlich angeordnet und schon haben Sie wieder ein paar Bilder mehr als Ihr Nachbar. Merken Sie sich, dass Gesichter bei Kreativtests immer die einfachste Form darstellen, etwas zu erstellen oder auszudrücken.
- ◇ Arbeiten Sie bei diesem Test auch mit Schrift. Ein Logo muss nicht nur aus einem Bild bestehen, sondern kann auch eine Kombination aus Bild und Schrift sein. Stellen Sie Schrift vor ein Bild, darüber, darunter oder wo es gerade passt. Dabei kann die Schrift natürlich auch gebogen sein oder über Kopf stehen. Beachten Sie aber: Die Aussage des Bildes muss klar erkennbar bleiben und Spielereien kosten Bearbeitungszeit!
- ◇ Obwohl es nur um skizzenhafte Zeichnungen geht, sollten Sie ein gewisses Maß an Sorgfalt walten lassen. Schludrige Zeichnungen lassen leicht auch Rückschlüsse auf eine »schlampige« Arbeitsweise zu.

Zahlenmuster aufstellen

Bei diesem Test wird Ihr logisches Denkvermögen gefordert. Sie sollen nun möglichst verschiedene Zahlenmuster erstellen, die nach möglichst unterschiedlichen Rechenregeln aufgebaut sind.
Hierzu zwei Beispiele:

2	4	6	8		4	5	6	7
4			6		5			6
6			4		6			5
8	6	4	2		7	6	5	4

Bei diesem Test ist es wichtig, daß Sie möglichst viele unterschiedliche Zahlenfolgen erstellen. Diese sollten, um Zeit zu sparen, möglichst einfach aufgebaut sein. Nehmen Sie z. B. immer erst alle geraden, dann alle ungeraden Zahlen (wie im obigen Beispiel), bevor Sie sich kompliziertere Reihen ausdenken. Da wir Ihnen bei diesem Test keine Lösung anbieten können, sollten Sie ausreichend üben, um bei Ihrem Einstellungstest schon »ein paar Reihen« im Kopf griffbereit zu haben.

Erstellen Sie nun möglichst viele verschiedene Zahlenreihen für die folgenden Kästchen. Für 12 Aufgaben haben Sie 3 Minuten Zeit.

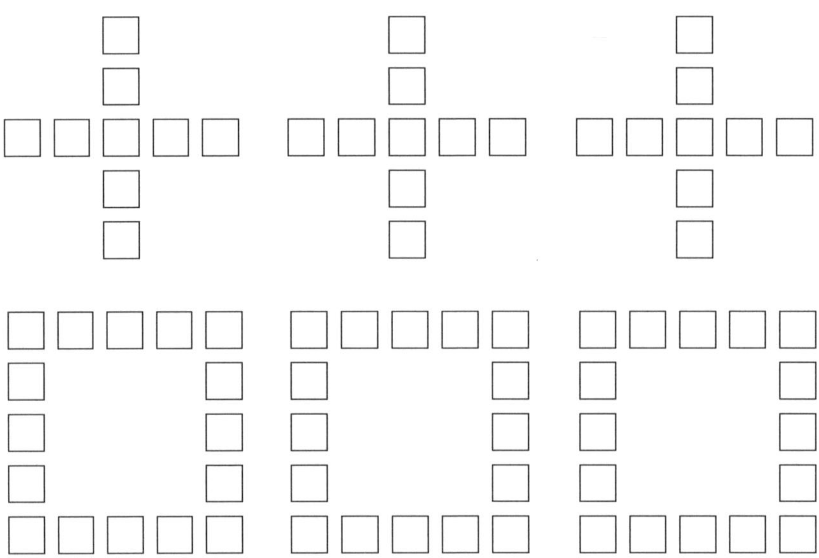

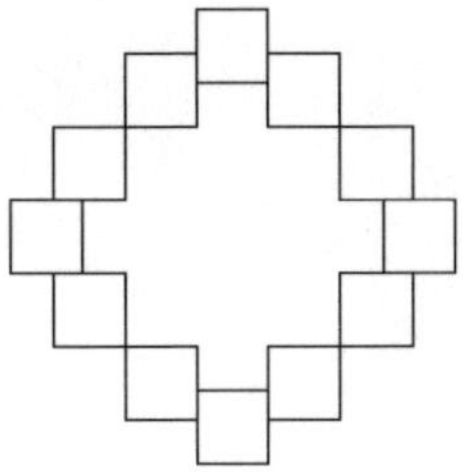

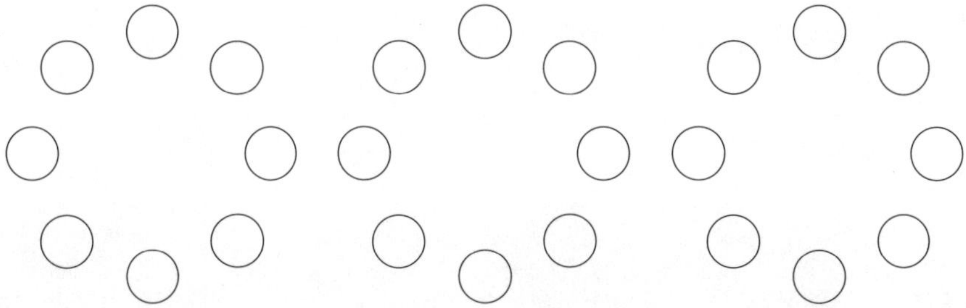

Bearbeitungstipps

- Verwenden Sie einfache Zahlenmuster, zum Beispiel: + 1 + 1 + 1 + 1 usw. Sie ersparen sich aufwändige Rechnungen, vermeiden Fehler und gewinnen Zeit. Aber: Die Rechenoperationen sollten ein richtiges Ergebnis vorweisen können. Nichts macht einen schlechteren Eindruck, als sich bei einfachsten Operationen grob zu verrechnen/verschreiben!
- Nehmen Sie bevorzugt einstellige Zahlen. Auch dies bringt Ihnen Zeit nachzudenken, wenn Ihnen zwischendurch mal nichts mehr einfällt.
- Vermeiden Sie aufwändige Rechenoperationen. »+ 47 – 13 · 2« zeugt zwar von Kreativität und Kopfrechenkünsten, bringt Ihnen aber nichts, wenn Sie am Ende nur zwei von 12 Aufgaben (korrekt) gelöst haben.
- Wechseln Sie zwischen geraden und ungeraden Zahlen (siehe Aufgaben). Sie erhalten dadurch einfache Aufgaben, die schnell aufzuschreiben sind.

Gedächtnis und Merkfähigkeit

Wörter merken

Bei diesem Test ist Ihr Kurzzeitgedächtnis gefordert. Sie haben in der Regel eine halbe Minute Zeit, um sich die vorliegenden Wörter einzuprägen, die Sie dann wieder in einer vorgegebenen Reihenfolge aufschreiben müssen.
Prägen Sie sich jetzt die Begriffe innerhalb von 30 Sekunden ein. Decken Sie dann die Seite ab.

Wort	Straßenbahn
Zeit	Scanner
Goldfisch	Hut
Haus	Film
Armageddon	Stadtstreicher
Kübel	Turbodiesel
Radar	Treppe
Space-Shuttle	Schublade
Schlüsselbein	Uhr
Flasche Rotwein	Tonne

Bearbeitungstipps

Wenn Sie mit einer Aufgabe konfrontiert werden, bei der es um das Auswendiglernen von bestimmten Begriffen geht, geschieht das meistens in zwei Formen: der freien Auswahl, wo Sie in beliebiger Reihenfolge die Begriffe reproduzieren können, oder in alphabetischer Reihenfolge. Die erste Form ist dabei die einfachere. Geht die Abfrage alphabetisch vonstatten, so ist es wichtig, sich zu merken, in welcher Gruppe der von Ihnen memorierte Begriff mit dem Anfangsbuchstaben A (und dann B, C, usw.) war.
Versuchen Sie immer, die zu lernenden Wörter über Eselsbrücken miteinander in Verbindung zu bringen. So wird es Ihnen leichter fallen, sich an mehrere Wörter zu erinnern, als wenn Sie diese nur krampfhaft auswendig lernen.
Ein Beispiel: In einem *Film* spielt ein *Stadtstreicher* mit einem *Hut* und einer *Flasche Rotwein* mit, der *Straßenbahn* fährt.
Auf diese Weise haben Sie sich ganz leicht, quasi »nebenbei«, bereits fünf Wörter gemerkt, die Sie später reproduzieren sollen. Auch wenn Ihnen das Bauen solcher

Schreiben Sie jetzt alle Wörter auf, die Sie sich eben gemerkt haben. Sie haben für 20 Wörter eineinhalb Minuten Zeit.

1. ____________	11. ____________
2. ____________	12. ____________
3. ____________	13. ____________
4. ____________	14. ____________
5. ____________	15. ____________
6. ____________	16. ____________
7. ____________	17. ____________
8. ____________	18. ____________
9. ____________	19. ____________
10. ____________	20. ____________

Vergleichen Sie jetzt Ihre Wörter mit den Ausgangswörtern.

Eselsbrücken anfangs noch schwer fällt, sollten Sie diese Form einige Male üben. Sie werden sehen, dass Ihnen in immer kürzerer Zeit bessere Brücken einfallen und sich Ihre Lernergebnisse von Übungsdurchgang zu Übungsdurchgang steigern werden. Ähnlich sieht die Sache aus, wenn es darum geht, dass Sie nach bestimmten Anfangsbuchstaben gefragt werden, zum Beispiel »Wie hießen die Wörter mit dem Anfangsbuchstaben F?« Rekapitulieren Sie wieder Ihre gelernten Brücken und Sie werden sehr schnell alle Wörter aufschreiben können.
Eine andere Memotechnik hilft Ihnen auch, sich bei gruppenweisen Aufgabenstellungen diese mit Hilfe eines Kunstwortes einzuprägen.

Ein Beispiel: Sie bekommen eine Gruppe »Beruf« angeführt, deren Inhalt Sie lernen sollen: Eismann, Imker, Nachwächter, Pfarrer und Uhrmacher.
Sie lernen nun nicht die einzelnen Begriffe, sondern kreieren ein Kunstwort »EINPU«, das Sie mit den Berufen assoziieren. Sie können dann die Buchstaben entsprechend schnell wie bereits beschrieben zuordnen, nämlich indem Sie springen.

Zahlenpaare merken

Bei dieser Testaufgabe kommt es darauf an, dass Sie sich eine bestimmte Anzahl von Zahlenpaaren einprägen. Nach einigen Minuten Merkzeit müssen Sie anhand der *linken* Zahl die richtige rechte aus einem Zahlenfeld von fünf Zahlen wiedererkennen. Diese Zahl markieren Sie dann bitte mit einem geraden, waagerechten Strich. Achtung: Die Reihenfolge der Zahlenfelder ist nicht mit der der Zahlenpaare identisch. Decken Sie zunächst die rechte Seite in diesem Buch ab und legen Sie los, Sie haben 2 Minuten Zeit, sich die Zahlenpaare einzuprägen!

a) 45 – 743

b) 83 – 012

c) 11 – 085

d) 77 – 358

e) 13 – 999

f) 84 – 629

g) 28 – 329

h) 46 – 783

i) 96 – 474

j) 82 – 001

k) 16 – 248

l) 66 – 911

Nach 2 Minuten bitte diese Seite abdecken!

Zahlenfelder

Identifizieren Sie nun die Zahlenpaare der linken Seite. Decken Sie vorher unbedingt die linke Seite ab.

84–	745	628	112	452	629
83–	012	678	565	637	986
96–	845	474	666	132	087
16–	976	667	248	452	811
11–	111	723	810	894	085
45–	743	734	853	642	841
82–	001	765	932	010	764
66–	911	752	134	532	671
13–	643	965	245	999	535
77–	947	532	358	865	614
46–	252	521	783	445	245
28–	564	643	329	642	532

Es dürfte Ihnen leicht fallen, die richtige Lösung selbst zu überprüfen.

Bearbeitungstipps

Während Sie sich beim Test »Wörter merken« noch gut mit Eselbrücken behelfen konnten, werden Sie hier vermutlich vor größeren Problemen stehen. Versuchen Sie aber trotzdem, Ihr erprobtes System von Memotechniken beizubehalten. Sie werden sehen, dass Sie sich auch hier wieder Brücken bauen können, um sich die Zahlen zu merken.

Beachten Sie dabei: Das Gehirn ist nichts anderes als ein Muskel, der trainiert werden will! Alles ist schwer, bevor es einem leicht fällt!

Anhang

Grundregeln in Mathematik/Physik

Werte verschiedener Konstanten

$\pi = 3{,}1415926535$

$c = 3 \cdot 10^8$ m/s = 300 000 km/s (Lichtgeschwindigkeit)

$v_s = 330$ m/s (Schallgeschwindigkeit bei Normaldruck und –20° C)

$g = 9{,}81$ m/s^2 (Erdbeschleunigung)

Potenzgesetze

$a^x a^y = a^{x+y}$

$1/a = a^{-x}$

$(a^x)^y = a^{xy}$

$\sqrt[n]{a}$

$a^x b^x = (ab)^x$

Irgendeine Zahl hoch 0 ist immer 1. Ausnahme: $a^0 = 0$

Wurzeln

$\sqrt{1} \approx 1{,}414$ $\sqrt{3} \approx 1{,}732$ $\sqrt{5} \approx 2{,}236$ $\sqrt{2} \approx 1{,}414$

Quadratzahlen

$2^2 = 4$	$7^2 = 49$	$12^2 = 144$	$17^2 = 289$
$3^2 = 9$	$8^2 = 64$	$13^2 = 169$	$18^2 = 324$
$4^2 = 16$	$9^2 = 81$	$14^2 = 196$	$19^2 = 361$
$5^2 = 25$	$10^2 = 100$	$15^2 = 225$	$20^2 = 400$
$6^2 = 36$	$11^2 = 121$	$16^2 = 256$	

Zweierpotenzen

N	2	3	4	5	6	7	8	9	10
2^n	4	8	16	32	64	128	256	512	1024

Zehnerpotenzen

10^n : Zahl mit n Nullen; zum Beispiel $10^3 = 1000$

10^{-1}: Kommazahl mit n Nullen (inkl. Null vor dem Komma), zum Beispiel $10^{-3} = \frac{1}{1000} = 0{,}001$

Beispiele:

$4\,400\,000 = 4{,}4 \cdot 10^6$

$0{,}05 = 5 \cdot 10^{-2}$

Logarithmus (Zehnerlogarithmus)

$\log(a) = x$	▸	$10^x = a$
$\log(100) = 2$	▸	$10^2 = 100$
$\log(42) = 1{,}62$	▸	$10^{1{,}62} = 42$

Dreieck

Grundseite: Eine beliebige Seite des Dreiecks, die als Bezugsseite genommen wird.

Höhe: Steht senkrecht auf einer Seite und geht durch den gegenüberliegenden Dreieckspunkt.

Seitenhalbierende: Halbiert eine Seite und geht durch den gegenüberliegenden Dreieckspunkt. Die drei Seitenhalbierenden teilen sich gegenseitig im Verhältnis 1 : 2. Der Schnittpunkt der Seitenhalbierenden ist der Schwerpunkt eines gleichmäßig mit Masse belegten Dreiecks.

Fläche des Dreiecks: $A = \frac{1}{2}\, g\, h$ (halbe Grundseite mal Höhe)

Rechtwinkliges Dreieck

Katheten sind Dreieckseiten, die zueinander rechtwinklig stehen.

Hypotenuse ist die Seite, die dem rechten Winkel gegenüberliegt.

Satz des Pythagoras

$(\text{Hypotenuse})^2 = (\text{Kathete 1})^2 + (\text{Kathete 2})^2$

$c^2 = a^2 + b^2$

Trigonometrie

$\text{Sin}\ \alpha$ = Gegenkathete/Hypotenuse

$\text{Cos}\ \alpha$ = Ankathete/Hypotenuse

$\text{Tan}\ \alpha$ = Gegenkathete/Ankathete

Spezielle Werte für Sinus- und Kosinusfunktionen

Sin 0° = Wurzel (0)/2 = 0 = Cos 90°

Sin 30° = Wurzel (1)/2 = 0,5 = Cos 60°

Sin 45° = Wurzel (2)/2 = 0,71 = Cos 45°

Sin 60° = Wurzel (3)/2 = 0,86 = Cos 30°

Sin 90° = Wurzel (4)/2 = 1,0 = Cos 0°

Parallelogramm (Viereck mit jeweils zwei parallelen Seiten)
Fläche: $A = g \cdot h$
(g = Grundseite, h = Höhe)

Raute (Viereck mit vier gleich langen Seiten)
Die Diagonalen der Raute schneiden sich immer rechtwinklig

Kreis
Umfang: $U = 2\pi r$
(r = Radius)
Fläche: $A = \pi r^2$

Kugel
Volumen: $V = \frac{4}{3}\pi r^3$
Oberfläche: $O = 4\pi r^2$

Kegel
Volumen: $V = \frac{1}{3} G \cdot h$
(h = Höhe des Kegels, G = Grundfläche)

Weitere mathematische Hilfen

X	11	12	13	14	15	16	17	18	19	20	21	22	23	24	25
11	**121**	132	143	154	165	176	187	198	209	220	231	242	253	264	275
12	132	**144**	156	168	180	192	204	216	228	240	252	264	276	288	300
13	143	156	**169**	182	195	208	221	234	247	260	273	286	299	312	325
14	154	168	182	**196**	210	224	238	252	266	280	294	308	322	336	350
15	165	180	195	210	**225**	240	255	270	285	300	315	330	345	360	375
16	176	192	208	224	240	**256**	272	288	304	320	336	352	368	384	400
17	187	204	221	238	255	272	**289**	306	323	340	357	374	391	408	425
18	198	216	234	252	270	288	306	**324**	342	360	378	396	414	432	450
19	209	228	247	266	285	304	323	342	**361**	380	399	418	437	456	475
20	220	240	260	280	300	320	340	360	380	**400**	420	440	460	480	500
21	231	252	273	294	315	336	357	378	399	420	**441**	462	483	504	525
22	242	264	286	308	330	352	374	396	418	440	462	**484**	506	528	550
23	253	276	299	322	345	368	391	414	437	460	483	506	**529**	552	575
24	264	288	312	336	360	384	408	432	456	480	504	528	552	**576**	600
25	275	300	325	350	375	400	425	450	475	500	525	550	575	600	**625**

	X^3	X^4
1	1	1
2	8	16
3	27	81
4	64	256
5	125	625
6	216	1296
7	343	2401
8	512	4096
9	729	6561

Physikalische Grundlagen und Gesetze

Mechanik

Dichte	$d = m/V$	d Dichte ($kg/dm^3 = kg/l = g/cm^3$) m Masse (kg) V Volumen ($l = dm^3$ oder cm^3)
Kraft	$F = m \cdot a$	F Kraft ($N = kg\ m/s^2$) m Masse (kg) a Beschleunigung (m/s^2)
Gewichtskraft	$F_g = m \cdot g$	F_g Kraft ($N = kg\ m/s^2$) m Masse (kg) g Erdbeschleunigung (m/s^2)
Impuls	$p = m \cdot v$	p Impuls (kg m/s) m Masse (kg) v Geschwindigkeit (m/s = 3,6 km/h)
Kin. Energie	$E_{kin} = \frac{1}{2} m \cdot v^2$	E Energie ($J = Nm = kg\ m^2/s^2$) m Masse (kg) v Geschwindigkeit (m/s)
Pot. Energie	$E_{pot} = m \cdot g \cdot h$	E Energie ($J = Nm = kg\ m^2/s^2$) m Masse (kg) g Erdbeschleunigung (m/s^2) h Höhe
Arbeit	$W = F \cdot s$	W Arbeit ($J = Nm = kg\ m^2/s^2$) F Kraft ($N = kg\ m/s^2$) S Strecke
Leistung	$P = \frac{W}{t}$	P Leistung ($W = J/s = kg\ m^2/s^3$) W Arbeit ($J = Nm = kg\ m^2/s^2$) t Zeit
Druck	$p = \frac{F}{m^2}$	p Druck ($1 bar = 10^5 Pa = 10^5 N/m^2$) F Kraft ($N = kg\ m/s^2$) m^2 Quadratmeter

Weg-Zeit-Gesetz bei konstanter Geschwindigkeit

$s = v \cdot t$

s	Weg (m)
v	Geschwindigkeit (m/s)
t	Zeit

Weg-Zeit-Gesetz bei konstanter Beschleunigung

$s = \frac{1}{2} a \cdot t^2$

s	Weg (m)
a	Beschleunigung (m/s^2)
t	Zeit (s)

Kraft F

- Ursache dafür, dass ein Körper seinen Bewegungszustand ändert (Einheit: Newton)
- Jeder Körper, der auf einen anderen Körper eine Kraft ausübt, erfährt auch von diesem Körper eine eigene Kraft, sodass auf jeden der beiden Körper eine Kraft wirkt. Die beiden Kräfte sind gleich groß und entgegengesetzt gerichtet.
- Ein Körper übt mit seinem Gewicht immer eine Kraft Richtung Erdmittelpunkt aus (F_G). Diese lässt sich wie folgt berechnen:
  $F_G = m \cdot G$
  m = Masse
  g = Ortsfaktor, Erde: (9,81 N/kg = 9,81 m/s^2 (Erdbeschleunigung)
- Aufgrund der durch die Erdrotation verursachten Zentrifugalkraft sind g und damit sämtliche Massen in großer Höhe bzw. am Äquator geringfügig geringer als in Meereshöhe bzw. an den Polen.

Drehmoment M

- Produkt aus Kraftbetrag F und Hebelarm a : $M = F \cdot a$ (Einheit Nm)
- An einem Hebel herrscht Gleichgewicht, wenn die Summe aller rechtsdrehenden Drehmomente gleich der Summe aller linksdrehenden Drehmomente ist.

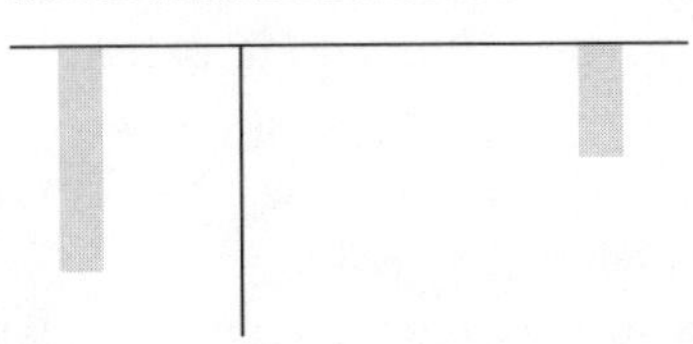

$F_1 \cdot a_1 = M = F_2 \cdot a_2$

- Jeder Körper verhält sich so, als würde die ganze Gewichtskraft in einem Punkt angreifen. Dieser Punkt wird als Schwerpunkt bezeichnet.

Impuls p

- ◇ Produkt aus Masse m und der Geschwindigkeit v : $p = m \cdot v$ (Einheit: kg · m/s)
- ◇ Stößt eine Kugel der Masse m_1 mit der Geschwindigkeit v_1 auf eine zweite Kugel mit der Masse m_2, übernimmt diese den Impuls der ersten. Der Impuls bleibt in seiner Größe erhalten. Die erste Kugel bleibt stehen, die zweite bewegt sich nun aber mit veränderter Geschwindigkeit aufgrund ihrer Masse weiter ($p_2 = m_2 \cdot v_2$).

Maschinen

- ◇ Goldene Regel der Mechanik: Kräfte kann man mit Maschinen einsparen. Dafür ist der Weg, den man zurücklegt, länger. Das Produkt aus Kraft und Weg (Arbeit) bleibt konstant.
- ◇ Leistung P: Quotient aus Arbeit W und Zeit t (Einheit: Watt)
- ◇ In einer bestimmten Zeit verrichtete Arbeit: $P = \frac{W}{t}$

Fadenpendel

- ◇ Die Schwingungsdauer T und die Elongation eines Fadenpendels sind vom Gewicht des angehängten Körpers unabhängig. T wächst aber mit der Länge l des Fadens nach dem Gesetz:
  $T = 2\pi \cdot \sqrt{(l/g)}$ ▸ $T \approx \sqrt{l}$

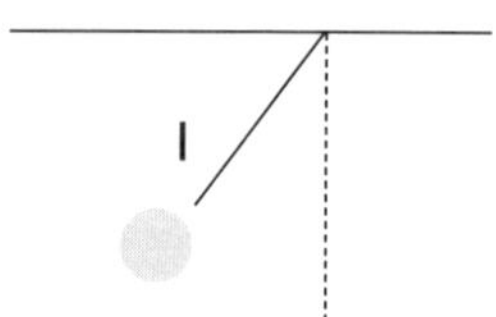

Hydraulik

- ◇ Übt man auf eine eingeschlossene Flüssigkeit eine Kraft aus, entsteht ein Druck p (Einheiten bar und Pa).
- ◇ Der Druck wirkt in alle Richtungen auf das die Flüssigkeit einschließende Gefäß sowie auf die in der Flüssigkeit befindlichen Objekte.
- ◇ Die Druckgröße p ergibt sich aus dem Quotienten der Druck erzeugenden Kraft F und ihrer Wirkungsfläche $\frac{A}{p} = \frac{F}{A}$.
- ◇ Flüssigkeiten lassen sich nicht komprimieren, übertragen aber Kräfte mittels Druck
- ◇ Da der untere Teil eines eingetauchten Körpers einem größeren Schweredruck ausgesetzt ist als der obere Teil, entsteht ein Auftrieb.

- Die Auftriebskraft, die ein eingetauchter, schwebender Körper erfährt, ist so groß wie die Gewichtskraft auf die vom Körper verdrängte Flüssigkeit (Archimedisches Prinzip).
- Ein Körper sinkt, wenn die Auftriebskraft kleiner ist als seine Gewichtskraft.
- Ein Körper steigt, wenn die Auftriebskraft größer ist als seine Gewichtskraft.
- Alle drei Fälle lassen sich vorhersagen, wenn man die Flüssigkeitsdichte und die mittlere Dichte des Körpers kennt.

Thermodynamik

- Absoluter Nullpunkt = –273°C = 0 K
- Die Siedetemperatur einer Flüssigkeit hängt vom Druck ab, der über der Flüssigkeit herrscht.

Optik

Man stellt sich vor, dass ein Gegenstand aus unzähligen Punkten besteht. Im Idealfall erhält man bei einer optischen Abbildung zu jedem Gegenstandspunkt einen Bildpunkt. Daraus folgt, dass man sich auch das Bild eines Gegenstandes aus einzelnen Punkten zusammengesetzt vorstellen muss.

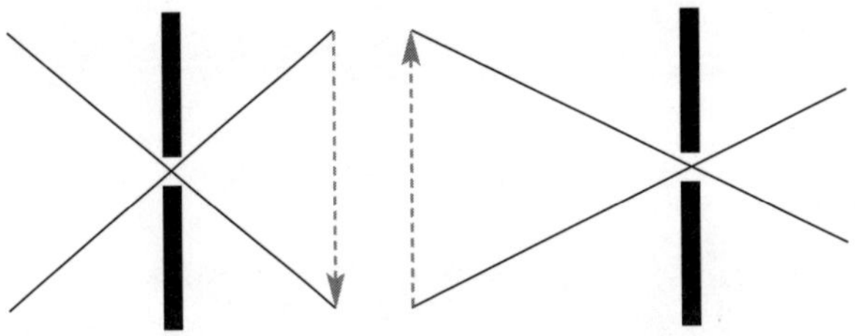

- Das Verhältnis der Bildgröße B zur Gegenstandsgröße G ist genauso groß wie das der Bildweite b zur Gegenstandsweite g. Dieses Verhältnis heißt Abbildungsmaßstab A/A = B/G = b/g
- Konvexe Krümmungen vergrößern das Spiegelbild oder ziehen es in die Länge.
- Konkave Krümmungen verkleinern das Spiegelbild oder drücken es zusammen. Dies gilt aber nur für den Bereich zwischen Spiegel und Brennpunkt F. Dahinter wird das Bild wieder größer, steht aber auf dem Kopf.
- Ein Regenbogen besteht aus den Spektrallinien: Am Außenrand des Kreises liegt Rot, am Innenrand Blauviolett.

◇ Bei einer Konvexlinse/Sammellinse wird die Brechung des Lichtes dazu benutzt, um Gegenstände größer erscheinen zu lassen. Ein einfallender Lichtstrahl wird zweimal gebrochen:

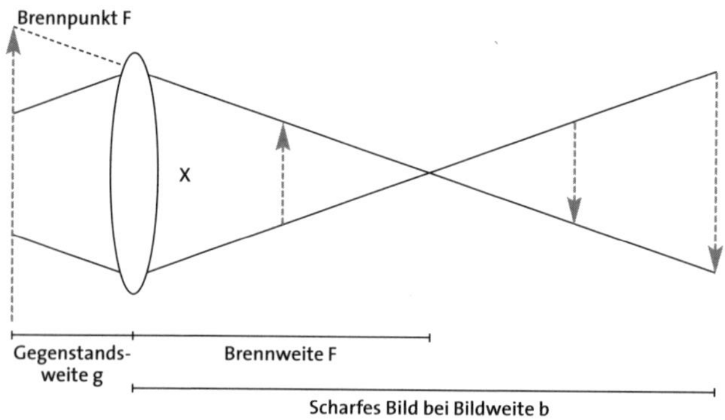

Ein Bild kann man sich aus einzelnen Punkten zusammengesetzt vorstellen. Von jedem Punkt des Objektes gehen gestreute Lichtreflektionen aus, die von der Linse zu einem Punkt auf der anderen Seite zusammengelenkt werden. Blickt man im Abstand b durch die Linse, sieht man das Objekt vergrößert auf dem Kopf stehen.

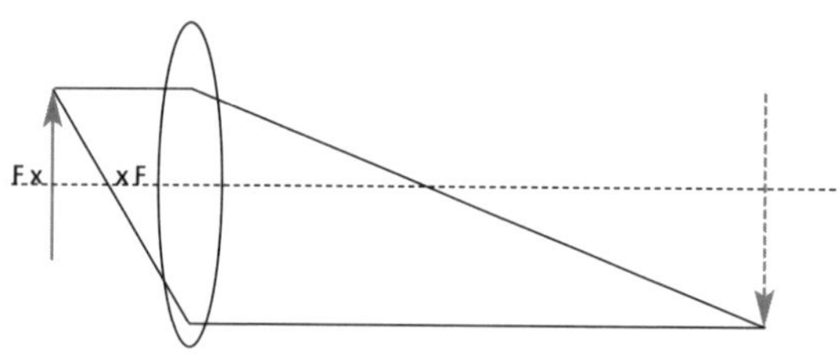

Liegt das Bild genau im Abstand f zur Linse, entsteht kein Bild:

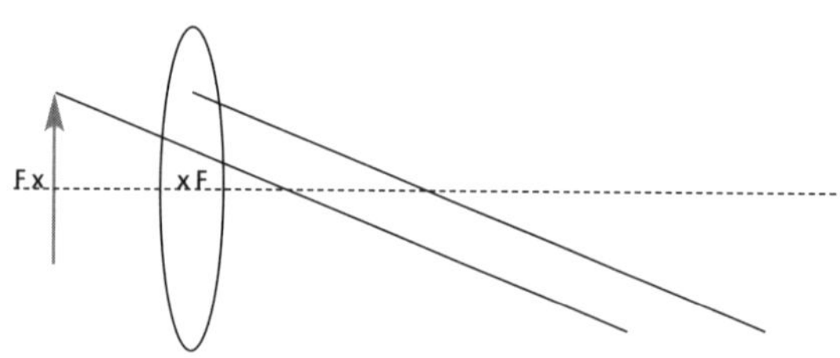

Liegt das Objekt zwischen F und Linse, entsteht ein vergrößertes, virtuelles Bild:

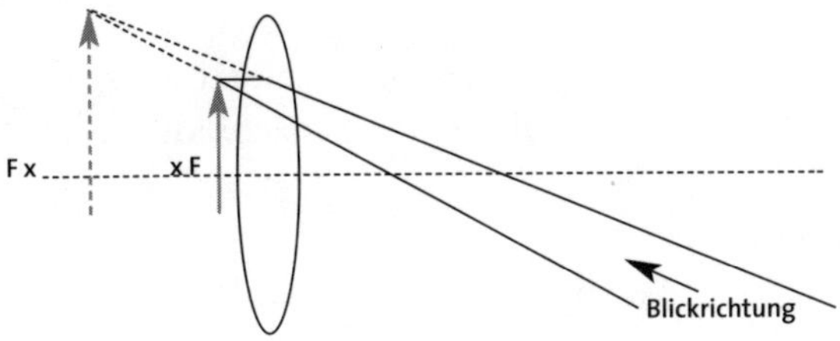

Bei der Konkavlinse/Streulinse wird die Brechung des Lichtes dazu benutzt, um Gegenstände kleiner erscheinen zu lassen. Ein einfallender Lichtstrahl wird zweimal gebrochen:

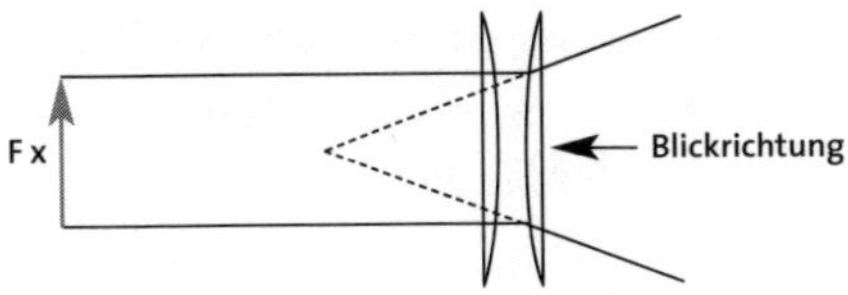

Ein normales Fernrohr besitzt im Okular und im Objektiv Sammellinsen. Das Bild steht auf dem Kopf:

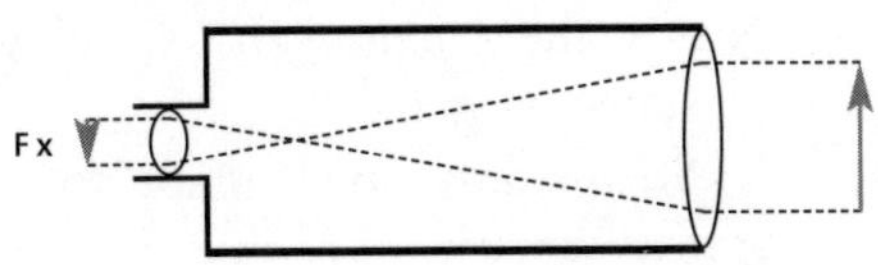

Kurzsichtige haben ein zu langes Auge. Die Ebene b liegt vor der Netzhaut. Das Bild ist unscharf. Die Korrektur erfolgt mit einer Streulinse. Weitsichtige haben ein zu kurzes Auge. Die Ebene b läge hinter der Netzhaut. Das Bild ist unscharf. Die Korrektur erfolgt mit einer Sammellinse.

Elektrik

Ohmsches Gesetz: $U = R \cdot I$	U	elektr. Spannung (V)
	R	ohmscher Widerstand (Ω)
	I	elektr. Strom (A)
Elektr. Leistung $P = U \cdot I$	P	elektr. Leistung (W = V · A)
	U	elektr. Spannung (V)
	I	elektr. Strom (A)

seriell geschalteteWiderstände

$R_{ges} = R_1 + R_2 + \ldots$

R_{ges} Gesamtwiderstand (Ω)
R_1, R_2 Einzelwiderstände (Ω)

parallel geschaltete Widerstände

$1/R_{ges} = 1/R_1 + 1/R_2 + \ldots$

R_{ges} Gesamtwiderstand (Ω)
R_1, R_2 Einzelwiderstände (Ω)

Wellenlänge $f = c / \lambda$

f Frequenz (Hz = 1/s)
c Ausbreitungsgeschwindigkeit (m/s) (elektromagnetische Wellen: Lichtgeschwindigkeit)
λ Wellenlänge (m)

Transformator

$U_p/U_S = N_p/N_S$

U_p Primärspannung (V)
U_S Sekundärspannung (V)
N_p Anzahl Wicklungen Primärseite
N_S Anzahl Wicklungen Sekundärseite

$U_p * I_p = U_s * I_s$

I_p Stromstärke (A) Primärseite
I_s Stromstärke (A) Sekundärseite

Satz von Bernoulli

Die Summe von statischem Druck und dynamischem Druck (Staudruck) ist konstant. Wichtig: Der statische Druck wirkt in alle Richtungen, der dynamische Druck nur in Richtung der Strömung.

Erhaltungssätze für Energie und Impuls

In einem geschlossenen System sind die Gesamtenergie und der Gesamtimpuls immer konstant.

Spezifische Gewichte (Dichten) in der Reihenfolge:
Aluminium, Titan, Eisen (Stahl), Kupfer, Silber, Blei, Quecksilber, Gold, Öl, Wasser, Schwefelsäure, Quecksilber

Stromstärke I: Ladung Q, die in einer Zeit t durch einen elektrischen Leiter fließt:
$I = Q/t$ (Einheit: Ampere)

Spannung U: Potenzialdifferenz zwischen den beiden Polen eines Stromkreises. Sie gibt an, welche Arbeit nötig ist, um die Elektronen im Stromkreis von einem Punkt zum nächsten zu verschieben (Einheit: Volt = V). U definiert sich als Quotient aus der Leistung P der Quelle, die zum Antreiben der Elektrizität nötig ist, und der Stromstärke I:
$U = P/I = W/Q$

Widerstand R: Quotient aus Spannung U und Stromstärke I (Einheit: Ohm = Ω):
$R = U/I$

Ohmsches Gesetz: $I \sim U$
Verhältnis zwischen R, U und I bei der Reihenschaltung:

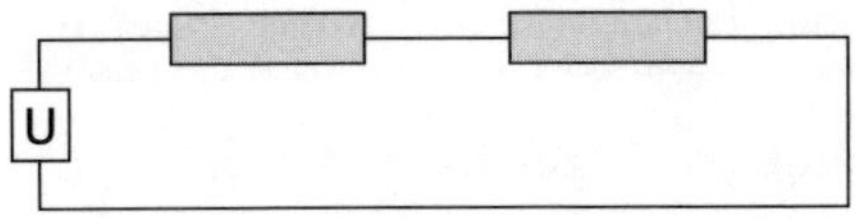

Da bei der Reihenschaltung alle Widerstände zusammen zu einem unverzweigten Stromkreis gehören, fließt durch alle der gleiche Strom. Man misst überall die gleiche Stromstärke:
$I = I_1 = I_2 = I_3$ usw.
Die Spannung der Quelle verteilt sich auf die einzelnen Widerstände. Die Summe der Teilspannungen ist genauso groß wie die Spannung der Quelle:
$U = U_1 + U_2 + U_3$ usw.
In Reihe geschaltete Widerstände hemmen die Bewegung der Elektronen wie ein einziger Ersatzwiderstand, der genauso groß ist wie die Summe der Teilwiderstände:
$R = R_1 + R_2 + R_3$ usw.
Verhältnis zwischen R, U und I bei Parallelschaltung:

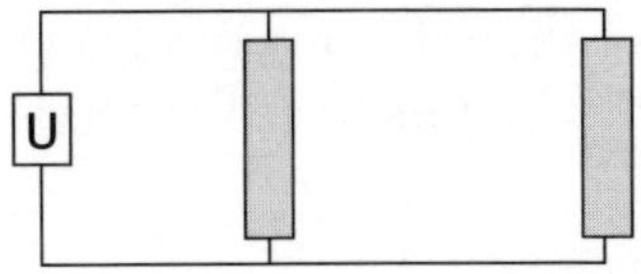

Bei der Parallelschaltung ist der Gesamtstrom durch die Spannungsquelle genauso groß wie die Summe der Teilströme durch die einzelnen Widerstände:
$I = I_1 + I_2 + I_3$ usw.
Weil jeder Widerstand unmittelbar mit der Spannungsquelle verbunden ist, misst man an jedem Widerstand die gleiche Spannung wie an der Quelle:
$U = U_1 = U_2 = U_3$ usw.
Ein einzelner Widerstand, der mehrere parallel geschaltete Widerstände ersetzt, muss kleiner sein als jeder der Teilwiderstände. Für den Ersatzwiderstand gilt:
$1/R_{ges} = 1/R_1 + 1/R_2 + 1/R_3$ usw.

Leistung P: Die Leistung von Elektrogeräten (Einheit: Watt) kann man als Produkt aus Spannung und Stromstärke berechnen: $U = P / I$ ▸ $P = U \cdot I$
Mit einem Transformator können ohne Energieverlust Spannung und Stromstärke verändert werden.
Er funktioniert nach dem Prinzip der Induktion und muss daher mit Wechselstrom betrieben werden.
Er besteht aus zwei Spulen, die durch einen geschlossenen Eisenkern miteinander verbunden sind:

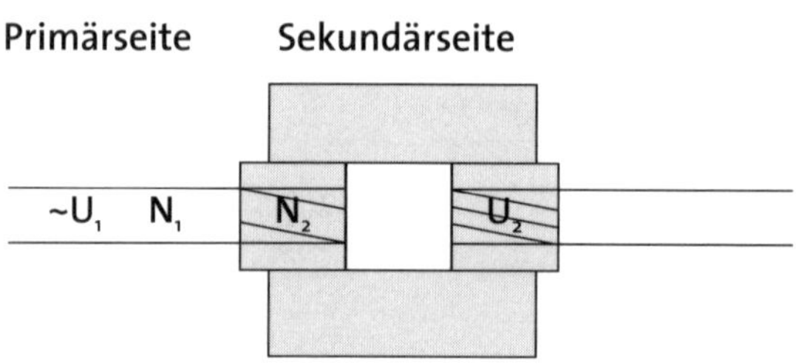

Zwischen den Anschlüssen der Induktionsspule wird die Sekundärspannung U_2 erzeugt. Sie hängt von U_1 an der Primärspule und den Windungszahlen der Spulen ab. Ist an die Induktionsspule kein Verbraucher angeschlossen, gilt:
$U_1/U_2 = N_1/N_2$
Ist am Trafo ein Gerät/Verbraucher angeschlossen, so wird Energie verbraucht und der Primärstrom I_1 nimmt zu. Um wie viel, hängt von I_2 und den Windungszahlen ab. Der Sekundärstrom bestimmt den Primärstrom. Bei belastetem Trafo gilt:
$I_2/I_1 = N_1/N_2$

Zusammenfassung:

$U_1 \cdot I_1 = U_2 \cdot I_2$

$U_1 \cdot N_2 = U_2 \cdot N_1$

$I_2 \cdot N_2 = I_1 \cdot N_1$

Im Kraftwerk wird mit Generatoren Wechselstrom erzeugt. Mittels Trafos wird dieser für den Haushaltsgebrauch auf 220 Volt gesenkt. Der Wechselstrom hat eine Frequenz von 50 Hertz.

Energieübertragung und Hochspannung

Ein elektrischer Schwingkreis besteht aus einer Parallelschaltung von Spule und Kondensator.

Aerodynamik

Der Luftwiderstand kann durch Stromlinienförmigkeit eines Körpers minimiert werden. Bei nicht vorhandener Stromlinienförmigkeit wächst der Widerstand mit dem Quadrat der Geschwindigkeit.
Im Reiseflug dient der Triebwerksschub eines Flugzeuges lediglich der Überwindung des Luftwiderstands.

Die neue deutsche Rechtschreibung

Die Überprüfung der Orthografie-Kenntnisse steht sehr häufig auf dem Testprogramm, wenn Sie sich in den verschiedenen Berufsfeldern bewerben. Und nicht selten ist das der Horror für die Kandidaten, die sich mit diesem Wissensstoff schlecht auskennen und unsicher sind, was denn nun richtig oder falsch ist – ganz besonders nach Einführung der Rechtschreibreform.
Rechtschreibtests werden im öffentlichen Dienst, hier typischerweise in allen Amtsstubenbereichen u. a. bei der Polizei, bei der Feuerwehr sowie in vielen kaufmännischen, aber auch handwerklichen Arbeitsbereichen durchgeführt. Um Ihnen den Einstieg in die neue deutsche Rechtschreibung zu erleichtern, wollen wir Ihnen hier nun kurz die Änderungen im Einzelnen vorstellen und Ihnen Hilfestellung für eventuelle Tests geben.

Was ändert sich im Einzelnen?
Vor der Reform gab es 212 Rechtschreibregeln. Diese wurden um fast die Hälfte reduziert; übrig blieben offiziell nur noch 112. Bei den Kommaregeln ist das Ergebnis weitaus drastischer: Früher musste man im Zweifelsfall bis zu 57 Kommaregeln durchforsten, um die jeweils zutreffende zu finden; heute sind es nur noch ganze neun!
Die Änderungen lassen sich in sechs Kapitel unterteilen:

1. Laut-Buchstaben-Zuordnung
2. Getrennt- und Zusammenschreibung
3. Schreibung mit Bindestrich
4. Groß- und Kleinschreibung
5. Zeichensetzung
6. Worttrennung am Zeilenende

1. Laut-Buchstaben-Zuordnung
- Das ß wird nur nach kurzen Vokalen durch ss ersetzt: Kuss, Missfallen, Stress, er muss, sie lässt etc. Das daß entfällt durch die Neuregelung völlig, man schreibt nur noch dass.
- Die Schreibung vieler Wörter oder einer Wortform wird der Schreibung des Wortstamms angeglichen: schnäuzen statt schneuzen, da das Wort von Schnauze kommt, platzieren statt plazieren wegen Platz, überschwänglich statt überschwenglich wegen Überschwang,

Stängel statt Stengel wegen Stange sowie Tollpatsch statt Tolpatsch, weil man es heute dem Wort toll zurechnet.

- Außerdem ist selbstständig jetzt die bevorzugte Schreibweise statt der (auch weiterhin gültigen) Form selbständig, weil es ja aus den Wörtern selbst plus ständig zusammengesetzt ist. Aber keine Regel ohne Ausnahme: Es bleibt zum Beispiel weiterhin bei Eltern, obwohl sich das Wort von die Älteren ableitet.
- Einzelfälle wurden systematisiert. So schreibt man jetzt rau statt rauh, analog zu blau, grau, genau etc. Das Känguruh wurde in Anlehnung an andere Tierarten wie Gnu und Kakadu zum Känguru.
- In zusammengesetzten Wörtern mit drei gleichen Vokalen oder Konsonanten hintereinander bleiben alle drei erhalten: Bestellliste, Teeei, Bitttag, Stofffetzen etc. Solange der Wortsinn nicht verfälscht wird, darf man solche Wörter auch mit einem Bindestrich schreiben: Bestell-Liste, Tee-Ei, Bitt-Tag und Stoff-Fetzen.
- Bei Fremdwörtern kann (muss jedoch nicht!) das ph in phon, phot und graph durch f ersetzt werden: Fotosynthese/Photosynthese, Mammografie/Mammographie. Fremdwörter, die nicht mit diesen Silben gebildet werden, werden weiterhin so geschrieben wie bisher: Philosophie, Rheuma, Strophe, Leichtathletikstar. Statt -tial und -tiell sind die empfohlenen neuen Schreibweisen jetzt -zial und -ziell, zum Beispiel in essenziell, Potenzial und substanziell.
- Ist ein Wort in der deutschen Sprache heimisch geworden, bezeichnet man es als Lehnwort. Meistens tritt die neue Schreibung zuerst langsam neben die alte, bis sich die neue allmählich gegen die alte Schreibweise durchsetzt. Neben vielen Wörtern, die schon seit langem eingedeutscht sind (Allee, Komitee, Resümee), sollen nun auch weitere Fremdwörter ins Deutsche integriert werden. Das betrifft Wörter mit folgenden Vokalen und Konsonanten: »gh, rh, th«: Manchmal darf gh, rh, th zu g, r, t werden: Spagetti statt Spaghetti, Jogurt statt Joghurt, Katarr statt Katarrh und Tunfisch statt Thunfisch. Die jeweils alte Form bleibt aber neben der neuen bestehen.
- »ai«: Aus dem Necessaire darf, wie bisher schon bei Mohär oder Militär, das Nessessär werden. Natürlich ist die alte Schreibweise weiterhin korrekt.
- »qu«: Aus dem qu darf ein k werden: Kommunikee ist genauso richtig wie ein Kommuniqué.
- »ou«: Aus Bouclé darf Buklee werden, aus Nougat auch Nugat.

- »ch«: Ketchup neben Ketschup, aus Chicorée wird Schikoree.
- »c«: Bei Fremdwörtern darf aus dem c ein doppeltes s werden. Genauso verhält es sich bei der Facette, die nun auch Fassette geschrieben werden darf.

2. Getrennt- und Zusammenschreibung

- Bei Verbindungen aus einem Substantiv und einem Verb wird die Getrenntschreibung zum Normalfall: Eis laufen, Maschine schreiben etc.
- Verbindungen, bei denen das Substantiv nicht mehr als eigenständiges Wort wahrgenommen wird, schreibt man weiterhin zusammen, so wie preisgeben (er gibt preis) oder teilnehmen (wir nehmen daran teil).
- Bilden Substantiv und Verb eine untrennbare Zusammensetzung, dann bleibt es auch dabei: schlafwandeln, schlussfolgern (sie schlussfolgert).
- Verbindungen aus einem Substantiv und einem Partizip schreibt man immer dann getrennt, wenn dies auch bei der entsprechenden Verbindung von Substantiv und der Infinitivform des Verbs, aus dem das Partizip gebildet wurde, der Fall ist: Funken sprühend (von Funken sprühen); Rat suchend (von Rat suchen). Hier lautet die substantivierte Form der Verbindung jetzt übrigens analog der/die Rat Suchende statt der/die Ratsuchende.
- Weiterhin zusammengeschrieben werden dagegen lichtdurchflutet (von Licht durchflutet) und meinungsbildend (von eine Meinung bildend), da hier jeweils ein Wort eingespart wird.
- Verbindungen aus zwei Verben, von denen eines im Infinitiv steht, schreibt man nur noch getrennt: spazieren führen, schätzen lernen, liegen bleiben, baden gehen.
- Getrenntschreibung gilt auch durchgängig für Verbindungen aus einem Partizip und einem Verb: mir ist der Schlüssel verloren gegangen, sie wurde gefangen genommen etc.
- Verbindungen aus den Adverb-Bestandteilen -einander und -wärts mit einem Verb werden immer getrennt geschrieben: aufeinander treffen, durcheinander bringen, aufwärts fahren, vorwärts kommen etc.
- Verbindungen mit dem Verb »sein« müssen getrennt geschrieben werden: dabei sein, zusammen sein, da sein, durch sein etc.

- Verbindungen aus einem Adjektiv und einem Verb schreibt man getrennt, wenn es möglich ist, das Adjektiv zu steigern oder es durch »sehr«/»ganz« zu erweitern: lahm legen (ganz lahm legen), leicht fallen (leichter fallen), übel nehmen (sehr übel nehmen). Im Gegensatz dazu bleibt es bei fernsehen, da das Verb ja nicht steigerbar ist, denn ferner sehen gibt es bekanntlich nicht.
- Einige, aber nicht alle Verbindungen aus zusammengesetzten Adverbien und Verben werden nun getrennt geschrieben. Dazu gehören unter anderem: anheim fallen und vorlieb nehmen.
- Getrennt- oder Zusammenschreibung hingegen ist möglich bei: zuwege bringen/zu Wege bringen, instand halten/in Stand halten, zugrunde gehen /zu Grunde gehen.
- Sind ein Adjektiv und ein Partizip oder zwei Adjektive miteinander verbunden, so werden die beiden Bestandteile getrennt geschrieben, wenn das Partizip vorne steht (leuchtend blau, glühend heiß); wenn der erste Bestandteil eine Ableitung auf -ig, -isch oder -lich ist (bräunlich gelb etc.) oder wenn der erste Bestandteil gesteigert oder mit »sehr«/»ganz« erweitert werden kann (leicht entzündlich, treu ergeben, dicht behaart etc.).
- Wie bereits bei »so viele« und »wie viele« wird jetzt auch »so viel« und »wie viel« getrennt geschrieben. Nur bei der Verwendung als Konjunktion bleibt die Zusammenschreibung erhalten: Soviel ich weiß, ...
- Alle Verbindungen mit »irgend« werden nun zusammengeschrieben: Irgendetwas behagt mir an der Sache nicht. Irgendjemand hat mein Brot gegessen.

3. Schreibung mit Bindestrich

- In Ziffern geschriebene Zahlen werden in Zusammensetzungen mit Hilfe eines Bindestrichs vom Rest des Wortes abgehoben: 7,5-Tonner, 8-tägig, 2-monatlich, 8-jährig, 6-Jähriger, 100-prozentig etc.
- Es steht allerdings kein Bindestrich, wenn an die Ziffer eine Nachsilbe angehängt ist, so wie bei 60stel, 8fach, 10er etc. Die 30er-Zone dagegen schreibt man natürlich mit einem Bindestrich, allerdings erst hinter der Nachsilbe.
- Ein Bindestrich kann allgemein in folgenden Fällen neu gesetzt werden: um einzelne Bestandteile einer Zusammensetzung von den anderen abzuheben, um beim Lesen mögliche Missverständnisse zu vermeiden oder wenn drei gleiche Vokale oder Konsonanten hinter-

einander stehen. Warm-laufen-Lassen (neben Warmlaufenlassen), Klee-Ernte (neben Kleeernte), Werkstoff-Forschung (neben Werkstoffforschung) etc.

- ◇ Mehrgliedrige Anglizismen werden nun bevorzugt zusammengeschrieben, können aber auch zur Verdeutlichung oder um der Übersichtlichkeit willen mit einem oder mehreren Bindestrichen gegliedert werden: Flipchart/Flip-Chart, Productplacement/Product-Placement und Fulltimejob/Full-Time-Job. Auch bei englischsprachigen Verbindungen aus Adjektiv und Substantiv wird jetzt vermehrt zusammengeschrieben, die Getrenntschreibung ohne Bindestrich ist aber auch erlaubt: Freeclimbing/Free Climbing oder Wildcard/Wild Card.

4. Groß- und Kleinschreibung

- ◇ Substantive, die mit einer Präposition in ein festes Wortgefüge eingebunden sind, jedoch nicht mit dieser zusammengeschrieben werden, werden groß geschrieben: in Bezug auf, außer Acht lassen, sich in Acht nehmen.
- ◇ Ebenfalls groß schreibt man Substantive, die mit einem Verb in ein festes Wortgefüge eingebunden sind, aber mit diesem nicht zusammengeschrieben werden: Recht behalten, Schuld haben, Angst haben etc.
- ◇ In Verbindung mit allen Formen der Verben »sein«, »bleiben« und »werden« schreibt man Angst, Bange, Gram, Leid, Schuld und Pleite weiterhin klein: Mir wird angst und bange, und Sie sind schuld daran.
- ◇ Substantivierte Adjektive als Ordinal- beziehungsweise Ordnungszahlen werden großgeschrieben: Er lief als Fünfter durchs Ziel, er kam sofort als Erster dran, er schuftet wie kein Zweiter etc. Unbestimmte Zahladjektive wie: als Letzter, fürs Erste, nicht das Geringste, im Großen und Ganzen werden ebenso großgeschrieben wie substantivierte Adjektive in festen Wendungen: etwas im Unklaren lassen.
- ◇ Taucht in einem Text eine Sprache in Zusammenhang mit einer Präposition auf, so wird die Sprache stets großgeschrieben: ein Kreuzworträtsel auf Italienisch lösen, eine in Russisch abgefasste Ansprache halten etc.
- ◇ Tageszeiten mit davor stehendem (vor)gestern, heute, (über)morgen werden ebenfalls großgeschrieben: morgen Mittag, vorgestern Nacht etc. Bei der substantivischen Zusammensetzung von Wochentag und

Tageszeit wird ebenfalls zusammengeschrieben: am Montagmorgen im Gegensatz zu dem Adverb montagmorgens.

- ◇ Es bleibt aber bei: von fern, von klein auf, über kurz oder lang, seit langem, bis auf weiteres.
- ◇ Bei substantivierten Superlativen mit »aufs« ist sowohl Groß- als auch Kleinschreibung möglich: aufs angenehmste/aufs Angenehmste, aufs gelungenste/aufs Gelungenste, wobei die Großschreibung die empfohlene Version ist.
- ◇ Adjektive in so genannten Paarformeln, die nicht deklinierbar sind – wie Jung und Alt, Falsch und Richtig, Hoch und Niedrig –, werden großgeschrieben.
- ◇ In feststehenden Fügungen aus Adjektiv und Substantiv wird Ersteres jetzt generell kleingeschrieben, wenn es sich nicht um einen Eigennamen handelt. Beispiele: der weiße Tod, der schwarze Mann, die rote Karte, die silberne Hochzeit, die erste Hilfe, das große Los etc.
- ◇ Großschreibung gilt hingegen weiterhin bei Titeln, Ehren- und Amts- sowie Funktionsbezeichnungen: Ihre Kaiserliche Hoheit, der Ehrwürdige Vater, der Regierende Bürgermeister, der Erste Geiger etc.
- ◇ Außerdem werden klassifizierende Bezeichnungen in Botanik und Zoologie generell großgeschrieben: die Rote Beete, die Schwarzen Johannisbeeren, die Mongolische Rennmaus, der Weiße Hai etc.
- ◇ Kalendertage wie der Heilige Abend oder der Erste Weihnachtsfeiertag werden ebenfalls großgeschrieben. Bei historischen Ereignissen wie dem Zweiten Weltkrieg und dem Schwarzen Freitag bleibt es auch bei der Großschreibung.
- ◇ Wenn aus Eigennamen Adjektive auf -isch oder -sch gebildet werden, schreibt man diese in der Regel klein: der gregorianische Kalender, die pawlowschen Hunde etc. Man kann aber auch groß und mit einem Apostroph schreiben, um den Namen in seiner Grundform zu betonen: die Shakespeare'sche Tragödie, die Grimm'schen Märchen.
- ◇ Die Anredepronomen »du« und »ihr« sowie die besitzanzeigenden Fürwörter »dein« und »euer« werden im persönlichen Schriftverkehr neuerdings klein geschrieben. Allerdings bleibt bei den Höflichkeitsformen Sie und Ihr die Großschreibung bestehen: Wenn du magst, besuche ich dich. Ich liebe deinen neuen Haarschnitt. Ich schicke Ihnen heute meine Bewerbung.

5. Die Zeichensetzung

Zur neuen Zeichensetzung gibt es vor allem eines zu sagen: Sie ist wesentlich einfacher geworden und räumt dem Schreibenden größere Freiheit ein. Die wichtigsten neuen Regeln sind:

- Wenn zwei vollständige Hauptsätze mit und oder einer anderen Konjunktion verbunden sind, dann ist das Komma vor der Konjunktion nicht mehr unbedingt erforderlich: Ich ging zu einer Party und er blieb lieber zu Hause. Aber auch: Ich ging zu einer Party, und er blieb lieber zu Hause. Zum besseren Verständnis sollte allerdings in Fällen wie bei: Ich weckte meinen Bruder und meine Schwester lief durchs Treppenhaus unbedingt ein Komma vor und gesetzt werden, weil man sonst beim Lesen im ersten Augenblick denken könnte, es handele sich bei »meinen Bruder und meine Schwester« um eine Aufzählung.
- Infinitiv- und Partizipgruppen werden am Satzanfang oder -ende nur noch dann durch ein Komma abgetrennt beziehungsweise in der Mitte des Satzes von zwei Kommas eingeschlossen, wenn damit der Aufbau eines Satzes deutlicher wird: Sie fuhren an die Ostsee ohne vorher ein Hotel gebucht zu haben. Trotzdem ist ein Komma hier weiterhin nicht falsch: Sie fuhren an die Ostsee, ohne vorher ein Hotel gebucht zu haben.
- Ein Komma beziehungsweise zwei Kommas zu setzen wird aber zwingend erforderlich, wenn die Infinitiv- oder Partizipgruppe durch einen konkreten Hinweis angekündigt oder aufgenommen wird respektive wenn sie gänzlich aus der Satzkonstruktion heraussticht: Leonardo DiCaprio zu sehen, das war schon immer mein heimlicher Wunsch.
- Man kann jetzt wie im Englischen einen Apostroph setzen, um die Genitivendung an die Grundform eines Namens anzuhängen. Aber Vorsicht: Viele Menschen, darunter auch potenzielle Arbeitgeber, empfinden diese Regel als eine der schlimmsten überhaupt und bekommen jedes Mal das Grauen, wenn sie »Gaby's gemütliches Eck« etc. sehen.

6. Worttrennung am Zeilenende

Während Sie die folgenden Regeln verinnerlichen, sollten Sie niemals vergessen, dass das wichtigste Kriterium bei der Trennung am Zeilenende die Verständlichkeit eines Wortes ist. Aus unbedachten oder automatisch vom Computer erzeugten Trennungen können nämlich sinnentstellte Wörter entstehen wie Urin-stinkt statt Ur-instinkt.

- Neu ist, dass Wörter wie Os-ten, ras-ten und rüs-tig grundsätzlich zwischen »s« und »t« getrennt werden.
- Das »ck« wird nicht mehr durch »kk« ersetzt und auch nicht mehr in der Mitte getrennt: kna-ckig, lo-cken und We-cker.
- Fremdwörter können jetzt nach Sprechsilben getrennt werden (bei zwei aufeinander folgenden Konsonanten oder Vokalen heißt das: zwischen den beiden Buchstaben), man darf sie jedoch auch weiterhin trennen wie gehabt: Mak-ro, Res-pekt, Konzent-ration, Bi-ologie und Feb-ruar. Aber auch diese Trennungen sind weiterhin nicht falsch: Ma-kro, Re-spekt, Konzen-tration, Bio-logie und Fe-bruar.
- Die Option, Wörter nach Sprechsilben zu trennen, gilt nicht nur für Fremdwörter, sondern auch für Wörter, die allgemeinsprachlich nicht mehr als Zusammensetzungen angesehen werden: Inte-resse, he-rab, da-rin. Aber auch Inter-esse, her-ab oder dar-in wie vor der Rechtschreibreform darf man weiterhin trennen.
- Die Regel, dass nach einzelnen Vokalen am Wort- oder Satzanfang nicht getrennt werden darf, wurde gestrichen. Somit sind vorher als untrennbar geltende Wörter wie Ekel, Abend, Anis etc. jetzt trennbar: E-kel, A-bend, A-nis. Dabei sollte man sich allerdings vor das Verständnis erschwerenden Trennungen wie Uro-ma hüten.

Glossar der grammatischen Fachbegriffe

Die folgende Auflistung enthält eine Übersicht mit Erläuterungen zu einigen Begriffen aus der deutschen Grammatik:

Adjektiv	Eigenschaftswort oder Wiewort (z. B. klein, rot, schön)
Adverb	Umstandswort (z. B. gern, besser, abwärts)
Akkusativ	Wenfall, der 4. Fall
Aktiv	Tat- oder Tätigkeitsform (z. B. ich lade ein; vgl. Passiv)
Artikel	Geschlechtswort (der, die, das; ein, einer, ein)
Attribut	Beifügung (z. B. der große Wagen)
Dativ	Wemfall, der 3. Fall
Deklination	Beugung von Substantiven, Adjektiven, Pronomen und Numeralien (z. B. der große Hund, des großen Hundes, dem großen Hund, den großen Hund)
Demonstrativpronomen	hinweisendes Fürwort (z. B. dieser, diese, dieses)
Diphthong	aus zwei Vokalen bestehender Doppellaut (z. B. ei, au, eu)
Genitiv	Wesfall, der 2. Fall
Indefinitpronomen	unbestimmtes Fürwort (z. B. jemand)
Infinitiv	Grundform eines Verbs (z. B. lesen, schreiben)
Komparativ	1. Steigerungsform von Eigenschafts- und Umstandswörtern (z. B. höher, schneller, weiter; vgl. Superlativ)
Kompositum	zusammengesetztes Wort (z. B. Straßenverkehr)
Konjugation	Beugung von Verben (z. B. wir singen, ihr singt, sie singen)
Konjunktion	Bindewort (z. B. sondern, und, oder, aber, sowie)
Konsonant	Mitlaut (z. B. p, t, d, f)
Nominativ	Werfall, der 1. Fall

Objekt	die Ergänzung (= ein Satzteil)
Partikel	Sammelbegriff für Wörter, die ihre Form nicht verändern, auch Füllwörter genannt (z. B. nur, allerdings)
Partizip	Mittelwort (z. B. schreibend, geschlagen, gedacht, sprechend)
Passiv	Leideform (z. B. ich werde eingeladen; vgl. Aktiv)
Personalpronomen	persönliches Fürwort (ich, du, er, sie, es, wir, ihr, sie)
Plural	Mehrzahl (z. B. die Tiere; vgl. Singular)
Possessivpronomen	besitzanzeigendes Fürwort (mein, dein, sein, ihr, unser, euer, ihr)
Prädikat	die Satzaussage (= ein Satzteil)
Präfix	Vorsilbe (z. B. »be-« in bewohnen, »Ent-« in Entladung; vgl. Suffix)
Präposition	Verhältniswort (z. B. im, auf, an, bei, unter)
Pronomen	Fürwort, das ein Substantiv vertritt (z. B. niemand)
Singular	Einzahl (z. B. das Tier; vgl. Plural)
Superlativ	die 2. oder Höchststufe bei der Steigerung des Adjektivs (z. B. die schönste, am schönsten; vgl. Komparativ)

Schlusswort

»Vielleicht sollten die Tests und Untersuchungen einmal bei denen durchgeführt werden, die sie veranlassen.«
Ein Getesteter

»Wenn wir vor der Aufgabe stehen, über einen Mitmenschen ein psychologisches oder charakterologisches Gutachten auszuarbeiten, übernehmen wir eine riesige Verantwortung. Denn angenommen, wir beurteilen diesen Menschen falsch, dann tun wir ihm ebenso Unrecht, als wenn wir ein Attentat auf ihn ausführten.«
Hans Zulliger (Schweizer Psychologe und Pädagoge)

Wir hoffen, Ihnen mit den Lösungswegen des »Testknackers« mehr Sicherheit und Gelassenheit für zukünftige Eignungs- und Einstellungstests vermittelt zu haben. Bei aller notwendigen Anpassungsleistung, die jede Prüfungssituation immer mit sich bringt, bedenken Sie jedoch bitte Folgendes:
Wir sind nicht auf der Welt, um so zu sein, wie andere uns haben wollen.

Versuchen Sie, auch wenn Sie die Testsituation nicht so bewältigt haben, wie Sie es sich wünschten, sich als Gewinner zu betrachten: Sie haben nicht gekniffen, sondern sich der Situation gestellt. Sie haben Erfahrungen gesammelt, die Sie nutzen werden, und wer weiß, was Ihnen bei *diesem* Arbeitgeber, *dieser* Arbeitsaufgabe erspart geblieben ist. Denken Sie an solchen Tagen wie Woody Allen, der in einer ähnlichen Situation nach einer Absage abgewandelt gesagt hat:

»Ich möchte gar nicht in einer Firma arbeiten, die Leute wie mich einstellt.«